D1829410

Das richtige Zitat für jede Gelegenheit

urania

Dagmar Lutz

Das richtige Zitat für jede Gelegenheit

Bibliografische Information der Deutschen Bibliothek: Die Deutsche Bibliothek verzeichnet diese Publikation in der Deutschen Nationalbibliografie; detaillierte bibliografische Daten sind im Internet über http://dnb.ddb.de abrufbar.

Urania Verlag
Verlagsgruppe Dornier
Postfach 80 06 69, 70506 Stuttgart

www.urania-verlag.de
www.verlagsgruppe-dornier.de

Konzept und Produktion: interConcept Medienagentur, München
Lektorat interConcept: Dr. Markus Schreiber
Gesamtherstellung: Hampp Media GmbH, Stuttgart

Fotos: Comet/Wepfer: S. 6, -/Cotton S. 20, S. 46; Silvestris/PhotoPress: S. 10, -/Kerscher: S. 38, S. 56; IFA/IRP: S. 30, -/IPP: S. 62, -/Int. Stock: S. 72, -/Selma: S. 76, -/Fotostock: S. 84; Silvestris/Heine: S. 92
Illustrationen: Raimo Bergt, Berlin
Umschlaggestaltung: Behrend & Buchholz, Hamburg
Umschlagbild: Alexander Großmann, Hamburg
Gedicht „Mutterns Hände“ von Kurt Tucholsky (S. 61)
aus: Kurt Tucholsky, Gesammelte Werke
Copyright © 1960 by Rowohlt Verlag GmbH, Reinbek bei Hamburg
Gedichte „Für Einen“ (S. 41) und „Alle Mütter ...“ (S. 58) von Mascha Kaléko
aus: Mascha Kaléko, Das lyrische Stenogrammheft, Kleines Lesebuch für Große
Copyright © 1956 by Rowohlt Verlag GmbH, Hamburg
Satz: interConcept Medienagentur, München
Druck: Westermann Druck, Zwickau

ISBN 3-332-01505-2

Inhalt

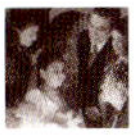

Zitieren leicht gemacht

Müssen auch Sie nicht ab und an im beruflichen Alltag eine kurze Ansprache halten? Und sicherlich steht früher oder später wieder eine größere Familienfeier ins Haus, auf der eine Rede erwartet wird.

Der nächste berufliche oder private Anlass, bei dem einige Worte zu sprechen oder zu schreiben sind, kommt ganz bestimmt! Wie aber finden Sie dann das passende Zitat, das Ihrer Rede oder Ihrem Brief wie ein tragender Pfeiler Halt und Struktur verleiht? Das sich dem Zuhörer als origineller, unerwarteter oder tröstlicher Gedanke ins Gedächtnis einprägt? Natürlich gibt es hierfür einschlägige Zitatsammlungen. Oft handelt es sich um dickleibige Kompendien, die nach Schlagwörtern geordnet sind und meist aus der Bibel sowie diversen Nationalliteraturen schöpfen – wie die berühmten „Geflügelten Worte“ von Georg Büchmann, die seit 1864 immer wieder aufgelegt worden sind.

Ein neuer Ansatz – Zitate für jede Gelegenheit

Dieser Ratgeber verfolgt einen ganz neuen Ansatz, indem er aussagekräftige Zitate bestimmten privaten und beruflichen Anlässen zuordnet, die jedem von uns irgendwann einmal begegnen. Sie finden so für jedes Ereignis schnell ein passendes Wort oder Gedicht, dabei können die Zitate getragen, humorvoll oder kritisch sein – je nach Ausrichtung und Tenor Ihrer Ansprache.

Textliche Einbettung

In der Folge bietet sich Ihnen eine Fülle von Zitaten für „klassische“ Anlässe wie Hochzeit, Taufe oder Pensionierung. Die Zitate sind jeweils in eine locker geknüpfte Argumentationskette eingebaut. Diese Art thematisches Grundgerüst ermöglicht es Ihnen, Gedanken und entsprechende Zitate auszuwählen, die zur jeweiligen Redesituation passen, darauf aufbauend können Sie dann Ihren individuellen Text entwerfen. Im Zusammenhang mit den Zitaten werden gegebenenfalls auch Interpretationshilfen geboten, die zeigen, wie eine bestimmte Äußerung zu einem Thema passt. Darüber hinaus erhalten Sie weitere wichtige Informationen zur Verwendung der Zitate; denn auch hier gilt wie so oft im Leben: Wichtiger als Quantität ist Qualität!

Übersichtskästen, Kalender und Register

Im Anschluss an die jeweilige Präsentation des Themas mit den entsprechenden Zitaten finden Sie einen kompakten Übersichtskasten mit zusätzlichen, thematisch gegliederten Zitaten, der Ihnen zur ausgeführten Argumentation weiteres Material an die Hand gibt.

In einem abschließenden Kapitel haben wir dann noch Texte zu allen Jahreszeiten, Monaten und wichtigen Festen zusammengetragen, stimmungsvolle Gedichte oder Bonmots, die sich vielseitig verwenden lassen.

Aufgeschlüsselt werden „Anlässe“ und Kalender schließlich durch ein Stichwortverzeichnis sowie ein Autorenregister; Ersteres trägt nicht zuletzt der Tatsache Rechnung, dass sich manches Zitat durchaus vielseitig verwenden lässt, Letzteres bietet auch biographische Angaben zu den Autoren.

Richtiges Zitieren

Zentrale Bausteine einer Rede und vielfältig einzusetzen sind nicht zuletzt Zitate. Sie können die Argumentation unterstreichen oder gar spielerisch dagegenhalten und dadurch für Reibungsflächen sorgen; Zitate erzeugen mit einem ernsthaften Gedanken Nachdenklichkeit oder sie erheitern mit einem Schuss Humor und rufen Gelächter hervor. Mit Geschick ausgewählt und an rechter Stelle eingesetzt, verleihen sie einer Ansprache oder einem geschriebenen Text attraktive Würze,

Einige Regeln gilt es zu beachten, um Zitate richtig einzusetzen und der Rede Würze zu verleihen.

ZITATSAMMLUNGEN UND ANTHOLOGIEN

Die herkömmlichen Zitatsammlungen unterscheiden sich insofern von diesem Ratgeber, als sie ihre Zitate meist nach allgemeinen Stichwörtern ordnen und auf eine textliche Einbettung und Kommentierung verzichten – dafür bieten sie eine Überfülle von Zitaten aus der gesamten Weltliteratur. Am bekanntesten sind die seit Mitte des 19. Jahrhunderts immer wieder aufgelegten „Geflügelten Worte“ von Georg Büchmann, die sich noch häufig in elterlichen oder großelterlichen Bibliotheken finden.

Nahezu unerschöpfliche Quellen für Zitate sind auch die Werke jener Autoren, die sich besonders der Kunst des Aphorismus widmen und scharfsinnige Gedanken in eine knappe Form kleiden. Stellvertretend genannt seien hier: Georg Christoph Lichtenberg, Marie von Ebner-Eschenbach, Kurt Tucholsky oder Oscar Wilde. Solche Texte bieten sich vor allem zum zwanglosen Schmökern an, bilden in der Regel allerdings kein Hilfsmittel, um einfach und schnell ein passendes Zitat zu finden.

sie können andererseits aber auch das ganze Gericht versalzen. Deshalb gilt es, einige Grundregeln zu beachten.

Inhalt und Auswahl

Versuchen Sie Zitate immer so zu verwenden, dass der Zuhörer sie verstehen und problemlos auf das jeweilige Thema beziehen kann. Scheuen Sie sich dabei nicht, auch einmal aus einer ungewöhnlichen Perspektive zu argumentieren: So können Sie etwa ein Zitat verwenden, das Ihre eigentliche Intention in Frage stellt, um es anschließend zu widerlegen.

Auch der Urheber eines Zitats ist nicht unerheblich, sofern er für eine bestimmte Geisteshaltung steht. So könnten Sie Heiterkeitsausbrüche ernten, wenn Sie beispielsweise eine Muttertagsrede mit geflügelten Worten des bekanntermaßen frauenfeindlichen Schriftstellers und Philosophen Nietzsche garnieren, bei dem es ja unter anderem heißt: „Wenn du zum

Weibe gehst, vergiss die Peitsche nicht!" Andererseits kann die Äußerung einer ausgewiesenen „Autorität" Ihren Argumenten zusätzliches Gewicht verleihen, Ihnen gleichsam von prominenter Seite Unterstützung zuteil werden lassen.
Bei der Auswahl der Zitate ist es auch wichtig, darauf zu achten, dass nur solche Äußerungen verwendet werden, die zu Ihnen und der Situation passen. Vermeiden Sie möglichst Pseudogelehrsamkeit und übertriebene Didaktik anhand altbackener Weisheiten. Sie wollen sich ja nicht selbst als Bildungsbürger profilieren, sondern Ihre Zuhörer mit geschickt gewählten geistreichen Aperçus unterhalten.

Was Sie außerdem beachten sollten

Es empfiehlt sich, ein Zitat nicht zu auffällig anzukündigen, etwa im Sinne von: „Schon unser Dichterfürst Johann Wolfgang von Goethe pflegte zu sagen ..." Eleganter wirkt es, den Urheber einer Äußerung eher angelegentlich einfließen zu lassen, zum Beispiel: „Halten wir es also mit Sir Winston Churchill: Eine gute Rede soll das Thema erschöpfen, nicht den Zuhörer."
Dann sollten Zitate nicht zu lang sein: In der Kürze liegt die Würze! Je kürzer, desto einprägsamer sind Zitate in der Regel – ein Grundsatz, der vor allem für den mündlichen Vortrag gilt.

Im Übermass eingesetzt, können auch treffende und ausdrucksstarke Zitate die Rede versalzen.

Besonders geeignete Stellen zur Verwendung von Zitaten sind Anfang, Mitte und Ende einer Ansprache: um Aufmerksamkeit zu wecken, ihr einen markanten Wendepunkt zu geben oder einen pointierten Schlussakkord zu setzen. Und last, but not least: Benutzen Sie Zitate möglichst sparsam, so dass sie für sich wirken können und sich nicht gegenseitig erschlagen.
Wenn Sie, versehen mit den Zitaten und Argumentationen der folgenden Kapitel, diese Grundregeln beherzigen, wird es ein Leichtes sein, Ihren Reden das gewisse Etwas zu verleihen – denn:

→ So ein paar grundgelehrte Zitate zieren den ganzen Menschen. *(Heinrich Heine)*

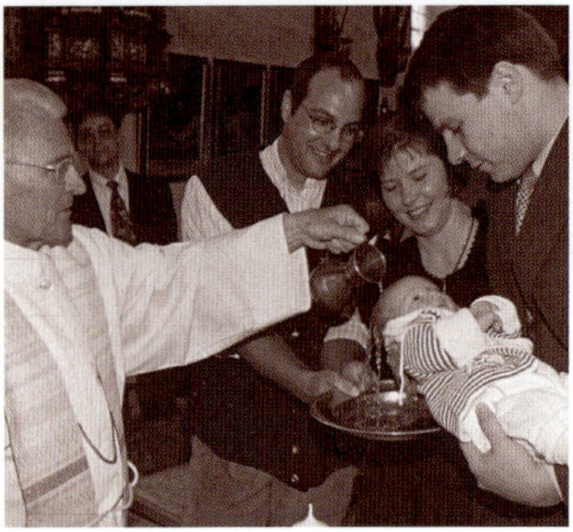

Geburt – Taufe

Die Geburt eines neuen Erdenbürgers gehört zu den freudigsten Ereignissen im Leben eines jungen Paares. Die Taufe des kleinen Menschen wird meist im Familienkreis gebührend gefeiert – mit vielen Reden.

Familie und Freunde versammeln sich zu diesem Anlass, um das Kind feierlich in die Gemeinschaft der Kirche aufzunehmen, aber auch um das Neugeborene ganz allgemein auf dieser Welt zu begrüßen. Meist schließt sich an den Taufgottesdienst ein geselliges Beisammensein von Familie und Freunden an, für Speis und Trank ist gesorgt, und eine schöne Rede – etwa des Paten – kann mit geschickt eingesetzten Zitaten einen weiteren Höhepunkt bilden, der die Taufe zu einem unvergesslichen Ereignis macht.

Der Einstieg

Beginnen Sie etwa mit einem mehr als 300 Jahre alten Zitat, dessen Aktualität aufhorchen lässt:

➔ Ach, es gibt keine Kinder mehr! *(Molière, „Der eingebildete Kranke“, 1673)*

Sie können nun vor dem Hintergrund rückläufiger Geburtenraten auf die große Bedeutung von Kindern für unsere Zukunft eingehen und den romantischen Dichter Novalis zitieren:

➔ Wo Kinder sind, da ist ein goldnes Zeitalter. *(Novalis, „Athenäum-Fragmente“, Nr. 97, 1798)*

um dann aber vor allem die ungeheure menschliche Bereicherung anzusprechen, die ein Kind für die Eltern bedeutet – diese dürfen Stolz und Freude empfinden!

Einen anderen Einstieg kann aber auch der Gedanke bilden, dass ein Kind immer aus einer menschlichen Beziehung hervorgeht und sie fortsetzt. Für diesen fast schon geheimnisvollen Vorgang fand Novalis eindrucksvolle Worte:

➔ Ein Kind ist eine sichtbar gewordene Liebe.

Vielleicht wählen Sie aber auch lieber einen launigen Auftakt: Eine beliebte Einleitung für eine Taufrede, fast schon ein „Klassiker“, ist die „Vorbemerkung“ Wilhelm Buschs zu seinem Gedicht „Julchen“ (1877), die auf humorvolle Weise die Kosten und Mühen der Vaterschaft anspricht:

➔ Vater werden ist nicht schwer, / Vater sein dagegen sehr. / Ersteres wird gern geübt, / weil es allgemein beliebt. / Selbst der Lasterhafte zeigt, / dass er gar nicht abgeneigt; / nur, er will mit seinen Sünden / keinen guten Zweck verbinden, / sondern, wenn die Kosten kommen, / fühlt er sich von Angst beklommen.

Die Verse des Dichters sind natürlich nicht in Zweifel zu ziehen, und vielleicht gehen Sie in Ihrer Rede noch auf witzige Weise auf die „Unkosten“ und das „Martyrium“ ein, mit denen frischgebackene Eltern konfrontiert werden, oder Sie thematisieren auf ernstere Weise die finanziellen Probleme von Familien mit Kindern in unseren Tagen. Im Anschluss daran wird man aber natürlich auf das alles andere überragende Glück zu sprechen kommen, das Eltern ihren Kindern schenken – ein Thema, das sich wie ein roter Faden durch Ihre Rede ziehen könnte.

Nicht nur „Schall und Rauch“

Auch wenn im „Faust“ (1808) behauptet wird, Namen seien nur „Schall und Rauch“, so kommt ihnen doch große Bedeutung zu, wie Goethe an anderer Stelle betont:

➔ Der Eigenname eines Menschen ist nicht etwa wie ein Mantel, der bloß um ihn her hängt und an dem man allenfalls noch zupfen und zerren kann, sondern ein vollkommen passendes Kleid, ja wie die Haut selbst ihm über und über angewachsen, an der man nicht schaben und schinden darf, ohne ihn selbst zu verletzen.
(Johann Wolfgang von Goethe, „Dichtung und Wahrheit“, 1811)

Der Name, den man bei der Taufe erhält, ist nicht – wie Faust meint – nur „Schall und Rauch“.

Ausgehend von diesem Zitat, können Sie in Ihrer Rede auf dieses für eine Taufe so wichtige

Thema eingehen. Zeigen Sie etwa, welche Geschichten, Bedeutungen und Botschaften dem Täufling mit seinem konkreten Namen mit auf den Lebensweg gegeben werden. Auch füllt man den Namen im Laufe des Lebens selbst mit Bedeutung, und er spielt eine entscheidende Rolle, dass wir als Gegenüber greifbar werden. Schließlich könnte sich mit einem Zitat der Schriftstellerin Ingeborg Bachmann ein Hinweis auf die poetische, ja geradezu magische Kraft eines Namens anschließen:

➔ Es gibt nichts Mysteriöseres als das Leuchten von Namen und unser Hängen an solchen Namen. *(Ingeborg Bachmann, Frankfurter Poetikvorlesung, 1960)*

Kinder brauchen Liebe

Nach der Taufe blicken alle voll der besten Wünsche auf das kleine Bündel Mensch, das sehr viel Liebe brauchen wird, bevor es aus „dem Gröbsten heraus" ist. Dieser Gedanke könnte auch in Ihrer Rede auftauchen, da er sich mit den Erziehungsabsichten der Eltern deckt und alle Anwesenden im Gefühl gemeinsamer Empfindungen und Hoffnungen vereint. Gehen Sie etwa mit dem Dichter Lessing auf den Vorrang der Liebe vor aller intellektuellen und religiösen Erziehung ein:

➔ Kinder brauchen Liebe, / Wär's eines wilden Tieres Lieb' auch nur, / In solchen Jahren mehr als Christentum. / Zum Christentum hat's noch immer Zeit. *(Gotthold Ephraim Lessing, „Nathan der Weise", 1783)*

Der Hinweis auf die große Bedeutung der in der Kindheit erfahrenen Liebe für die spätere Lebensentwicklung sollte – etwa mit einem Zitat von Jean Paul oder Pearl S. Buck – in diesem Zusammenhang nicht fehlen.

➔ Mit einer Kindheit voll Liebe kann man ein halbes Leben hindurch für die kalte Welt haushalten. *(Jean Paul)*

➔ Kinder, die man nicht liebt, werden Erwachsene, die nicht lieben. *(Pearl S. Buck)*

Tradition und Zukunft

Jeder neu geborene Mensch bewegt sich zwischen zwei zentralen Polen: Er wird in eine Familientradition geboren, die im Idealfall Sicherheit und Vertrauen vermittelt, andererseits ist er ein eigenständiges Wesen mit besonderen Möglichkeiten, die sich erst nach und nach erschließen werden, also auf die Zukunft vorausweisen.

➔ Wie jeder erwachsene gesunde Mensch ist auch solch ein kleines Wesen froh, sich als Glied einer Kette, als Teil eines geordneten Ganzen zu fühlen. *(Martin Andersen Nexö, „Erinnerungen")*

Während der dänische Dichter Andersen Nexö auf ersteren Aspekt abhebt, schlagen die Verse aus Friedrich Schillers „Lied von der Glocke", so manchem Taufgast noch aus der Schulzeit in Erinnerung, geschickt den Bogen von der Vergangenheit in die Zukunft:

➔ Ihm ruhen noch im Zeitenschoße / Die schwarzen und die heitern Lose. / Der Mutterliebe zarte Sorgen / Bewachen seinen goldnen Morgen. *(Friedrich von Schiller, „Das Lied von der Glocke", 1799)*

Der „goldne Morgen" ist Verheißung, aber auch Verpflichtung für die Eltern, die oft Pläne für ihre Kinder hegen, die aber auch die Entwicklung eines Kindes hemmen können. Das Problem, die Vielfalt von Talenten durch falsche Entscheidungen zu behindern, spricht auch das

Ein Kind ist immer eine Brücke in die Zukunft.

WAS SIE ALS PATE SAGEN KÖNNTEN

Von einem Taufpaten wird neben dem Taufgeschenk manchmal auch eine Ansprache erwartet. Doch keine Sorge: Hier sind nicht unbedingt lange und bedeutungsschwere Worte gefragt. Beginnen Sie doch Ihre Rede einfach mit ein paar zwanglos aneinander gereihten Gedanken, die beispielsweise auf den berechtigten Stolz der frischgebackenen Eltern Bezug nehmen – sei es auf das hübsche Gesichtchen ihres Babys oder die wahrscheinlich in ihm schlummernden Begabungen.

➔ Ein Kind ist ein mit allen Gaben der Natur ausgestattetes menschliches Wesen, deren noch keine entwickelt ist: eine noch nicht geöffnete Knospe. *(Johann Heinrich Pestalozzi, An Greaves, 7.10.1818)*

➔ Jedes Baby, das das Licht der Welt erblickt, ist schöner als das vorhergehende. *(Charles Dickens)*

Zu ergänzen wäre hier: „Und dieses ist besonders schön!"

Künstlergenie Picasso an, dessen höchst innovative Werke sich bis ins hohe Alter einen stark kindlichen, verspielten Aspekt bewahren konnten. Ein schöner Gedanke, der die Zukunft offen lässt:

➔ Als Kind ist jeder ein Künstler. Die Schwierigkeit liegt darin, als Erwachsener einer zu bleiben.

Erziehung – (k)ein Problem?

Eine Frage drängt sich in einer Taufrede auf: Wie sollte der neue Erdenbürger erzogen werden, um ihm einen optimalen Start ins Leben zu ermöglichen?

Erziehung – ein ebenso spannendes wie aufreibendes Wechselspiel zwischen Eltern und Kind

Selbstgefällige Besserwisserei ist hier jedoch ebenso fehl am Platze wie das Unterschätzen oder Aufbauschen des Problems. Sprechen Sie vielleicht an, dass es vor allem darum geht, Fehler zu vermeiden und nicht das zu tun, wovor die italienische Ärztin und berühmte Reformpädagogin Maria Montessori eindringlich warnt:

➔ Alle unsere Irrtümer übertragen wir auf unsere Kinder, in denen sie untilgbare Spuren hinterlassen.

Was versteht man nun aber genau unter einer guten Kinderstube? Das beste Vorbild ist wie so häufig das natürliche Verhalten der Eltern – eine Erfahrung, die den Dramatiker George Bernard Shaw mit dem Schauspieler und Multitalent Peter Ustinov verbindet:

➔ Die besterzogenen Kinder sind jene, die gelernt haben, ihre Eltern zu sehen, wie sie wirklich sind; Heuchelei ist nicht die erste Pflicht der Eltern. *(George Bernard Shaw)*

➔ Ich habe meine Kinder nie ermutigt, kreativ zu sein. Das Vorbild eines Elternteils ist weit beredter als alles, was man ihnen sagen könnte. *(Peter Ustinov)*

Erfolg versprechend erscheinen besonders jene Konzepte, die die Eltern dazu ermutigen, im Bewusstsein ihrer eigenen Grenzen, die persönlichen Anlagen des Kindes zu berücksichtigen und zu fördern. So dachte Goethe; ungewöhnlich ernsthaft äußert sich auch der ansonsten eher der leichten Muse zugewandte Christian Morgenstern:

➔ Denn wir können die Kinder nach unserem Sinne nicht for-

TAUFSPRÜCHE

Dreimal rinnt klares Wasser als Symbol des Glaubens über die Stirn des Täuflings. Durch das Sakrament der Taufe wird die Erbsünde getilgt, so dass der Mensch für ein neues Leben wiedergeboren wird. Den Eltern zur Seite stehen die Taufpaten, die für Erziehung und Wohlergehen des Täuflings mitverantwortlich sind. Sind Sie auf der Suche nach einem passenden Taufspruch, zum Beispiel für eine Glückwunschkarte oder eine Widmung? In diesen „klassischen" Beispielen aus der Bibel geht es um die Geborgenheit des Säuglings in der christlichen Gemeinde:

➔ Denn Er hat seinen Engeln befohlen, / dass sie dich behüten auf allen deinen Wegen, / dass sie dich auf den Händen tragen / und du deinen Fuß nicht an einen Stein stoßest. *(Psalm 91, 11 f.)*

➔ Der Herr ist mein Hirte, / mir wird nichts mangeln. *(Psalm 23, 1)*

➔ Aber Jesus sprach: Lasset die Kinder und wehret ihnen nicht, zu mir zu kommen; denn solcher ist das Himmelreich. *(Matthäus 19, 14)*

men; / So wie Gott sie uns gab, so muss man sie haben und lieben, / Sie erziehen aufs beste und jeglichen lassen gewähren. *(Johann Wolfgang von Goethe, „Hermann und Dorothea", 1797)*

➔ Alle Erziehung, ja alle geistige Beeinflussung beruht vornehmlich auf Bestärken und Schwächen. Man kann niemanden zu etwas bringen, der nicht schon dunkel auf dem Wege dahin ist, und niemanden von etwas abbringen, der nicht schon geneigt ist, sich ihm zu entfremden. *(Christian Morgenstern)*

Erziehungsratschläge erhält man zuweilen auch aus unverhoffter Quelle. Oder hätten Sie dem „Eisernen Kanzler" Otto von Bismarck folgende Empfehlung zur Kindererziehung zugetraut?

➔ Mit Kindern muss man zart und freundlich verkehren. Das Familienleben ist das beste Band. Kinder sind unsere besten Richter. *(Otto Fürst von Bismarck)*

Kommt man trotz aller Bemühung zu keiner Lösung der Frage nach der optimalen Erziehung, so nehmen Sie es mit Humor: Die perfekte Erziehung ist ohnehin kaum zu erreichen, lachen Sie deshalb herzhaft darüber mit dem Kabarettisten Werner Schneyder oder führen Sie mit Oscar Wilde sämtliche pädagogischen Bemühungen ad absurdum:

➔ Ein Kind zu erziehen, ist leicht. Schwer ist nur, das Ergebnis zu lieben. *(Werner Schneyder)*

➔ Wohlerzogen zu sein, ist heute ein großer Nachteil. Es schließt einen von so vielem aus. *(Oscar Wilde)*

Kinder als „Pädagogen"

Auf die Frage der Erziehung sollte das Thema „Kinder als Vorbilder" folgen: Jeder, der eigene Kinder hat, wird bestätigen, wie der eigene Nachwuchs Horizont und Perspektive der Erwachsenen immer wieder erweitert – Kinder sind auch „Pädagogen" ihrer Eltern. Bereits Freiherr von Knigge, Autor des klassischen Ratgebers für Manieren und Umgangsformen, war sich der pädagogischen Möglichkeiten bewusst, die im natürlichen Verhalten von Kindern stecken:

➔ Der Umgang mit Kindern hat für einen verständigen Menschen unendlich viel Interesse.

REDE AN DIE FRISCHGEBACKENEN ELTERN

Das an die Eltern gerichtete Gedicht Friedrich Hebbels eignet sich besonders für eine Lesung vor der Taufgemeinde.

Zur Geburt
Wir wünschen Euch und Eurem Kinde / an Glück, soviel das Herz nur fasst. / Und ein Willkommensangebinde sei Gruß dem neuen Erdengast.

Es soll ein braver Junge werden / und Euch zur Freude gut gedeih'n. / Ihm leuchte im Gestrüpp der Erden / des Lebens schönster Sonnenschein.

Euch Eltern aber sei beschieden, / was Ihr nur wünscht für Euch und Ihn. / Im kleinen Heim soll Lust und Frieden / bestehen als des Daseins Sinn.

Hier sieht er das Buch der Natur in unverfälschter Ausgabe aufgeschlagen. *(Adolph von Knigge, „Über den Umgang mit Menschen“, 1788)*

Und der sonst so polemische Erich Mühsam schlägt hier versöhnliche Töne an und zeigt, was Erwachsene von den Kindern lernen können:

➔ In der Seele des Kindes vereint sich das tiefste Wissen um die Schönheit und Güte der Welt mit dem stärksten Mut zum Bekennen der Wahrheit. *(Erich Mühsam, „Brevier für Menschen“)*

Aus der Erkenntnis, dass Kinder über große Fähigkeiten und Qualitäten verfügen, folgt die Forderung, sich die Kinder und ihr Verhalten zum Vorbild zu nehmen. Argumentieren Sie doch mit dem liberalen Publizisten Ludwig Börne, dessen Forderung nach Respekt und Ehrfurcht vor Kindern für das frühe 19. Jahrhundert revolutionär anmutet:

➔ Vor allen Kindern, die uns begegnen, sollten wir uns tief und ehrfurchtsvoll verneigen; sie sind unsere Herren, für sie arbeiten wir. Ein Kind in der Hütte ist mehr als ein Greis auf dem Throne. *(Ludwig Börne, „Aphorismen“, 1823)*

Der Autor des „Kleinen Prinzen“ – übrigens ein höchst passendes Buchgeschenk für Eltern kleiner Kinder! – gibt den „Kinderpädagogen“ Ratschläge, wie sie mit den Erwachsenen umgehen sollen:

Ein sinnvoller Rat für junge Eltern: Respekt vor dem Kind und seiner besonderen Daseinsform

➔ Kinder müssen mit großen Leuten viel Nachsicht haben. *(Antoine de Saint-Exupéry, „Der kleine Prinz“, 1943)*

Von der Erziehung der Erwachsenen durch Kinder kann man zum Abschluss noch einmal einen schönen Bogen zur erzieherischen Rolle der Eltern schlagen: Wenn es vielleicht auch nicht gelingen mag, wieder die kindlichen Qualitäten zurückzugewinnen, so kann man zumindest dafür sorgen, dass die Kinder nicht so wie die Erwachsenen werden. Das wäre also eine Erziehung, die vorhandene kindliche Anlagen pflegt und fördert und eigentlich nicht zu spüren ist – eine Form der Erziehung, die auch der bekannte französische Schriftsteller und Politiker André Malraux empfiehlt:

➔ Am besten ist die Erziehung, die man nicht merkt.

… und noch mehr Zitate

Im Folgenden eine Reihe weiterer Textstellen mit passenden Gedanken für eine Taufrede, geordnet nach thematischen Zusammenhängen, egal ob Sie nun einen biblischen Spruch für eine Glückwunschkarte benötigen oder Ihre Argumentation mit alternativen Zitaten untermauern möchten.

ZITATE FÜR DEN EINSTIEG

→ Die allerschönsten Blumen von allen sind die Kinder. *(Oscar Wilde, „Der eigensüchtige Riese")*

→ Der Mensch ist ein Bild Gottes. Er tut alle Augenblicke Wunder und weiß es nicht. *(Karl Philipp Moritz)*

→ Der einfachste Mensch ist immer noch ein sehr kompliziertes Wesen. *(Marie von Ebner-Eschenbach)*

→ Gott muss die Menschen lieben – sonst hätte er nicht so viele von ihnen gemacht. *(Abraham Lincoln)*

→ Vieles Gewaltige gibt's. Doch nichts / Ist gewaltiger, als der Mensch. *(Friedrich Hölderlin)*

→ Die Kinder sind der Fortschritt selbst – vertraut dem Kinde. *(Rainer Maria Rilke)*

→ Die Kinder sollen besser werden, als die Eltern waren, und so ein jedes heranwachsende Geschlecht sein erziehendes überragen. *(Friedrich Ernst Daniel Schleiermacher)*

TRADITION UND ZUKUNFT

→ Was, meinest du, will aus dem Kindlein werden? *(Lukas 1, 66)*

→ Die eine Generation baut die Straße, auf der die nächste fährt. *(Chinesisches Sprichwort)*

→ Die Lebenskraft eines Zeitalters liegt nicht in seiner Ernte, sondern in seiner Aussaat. *(Ludwig Börne)*

→ Verstehen kann man das Leben nur rückwärts. Leben muss man es vorwärts. *(Sören Kierkegaard)*

→ Die Gegenwart ist nie unser Zweck; die Vergangenheit und die Gegenwart sind unsere Mittel; die Zukunft allein ist unser Zweck. *(Blaise Pascal)*

TAUFSPRÜCHE

➔ Nähme ich Flügel der Morgenröte und bliebe am äußersten Meer, / so würde auch dort Deine Hand mich führen / und Deine Rechte mich halten. *(Psalm 139, 9–11)*

➔ Siehe, Kinder sind eine Gabe des Herrn, und Leibesfrucht ist ein Geschenk. *(Psalm 127, 3)*

ZUR FRAGE DER ERZIEHUNG

➔ Beispiel und Liebe, sonst nichts. *(Friedrich Fröbel)*

➔ Bei der Erziehung muss man etwas aus dem Menschen herausbringen und nicht in ihn hinein. *(Friedrich Fröbel)*

➔ Ein Vater soll zu Gott an jedem Tage beten: / Herr, lehre mich, Dein Amt beim Kinde recht vertreten. *(Friedrich Rückert)*

➔ Man könnt erzogene Kinder gebären, / Wenn die Eltern erzogen wären. *(Johann Wolfgang von Goethe, „Zahme Xenien“, 1821)*

➔ Bevor ich heiratete, hatte ich sechs Theorien über Kindererziehung. Jetzt habe ich sechs Kinder und keine Theorie. *(John Earl of Wilmot)*

➔ Man darf die Erziehung nicht geringschätzen, da sie unter den größten Gütern, welche den besten Menschen zuteil werden, den ersten Rang einnimmt. *(Platon)*

➔ Man veredelt die Pflanze durch Zucht und die Menschen durch Erziehung. *(Jean-Jacques Rousseau)*

KINDER ALS LEHRMEISTER

➔ Wirklich ist jedes Kind gewissermaßen ein Genie und jedes Genie gewissermaßen ein Kind. *(Arthur Schopenhauer, „Die Welt als Wille und Vorstellung“, 1818)*

➔ Darum liebe ich die Kinder, weil sie die Welt und sich selbst noch im schönen Zauberspiegel ihrer Phantasie sehen. *(Theodor Storm, An Therese Rowohl, März 1838)*

➔ Die Kinder sind die wirklichen Lehrmeister des Lebens. *(Peter Rosegger)*

Kommunion – Firmung – Konfirmation

Die wichtigsten Rituale unserer Gesellschaft, in denen ein Kind in die Erwachsenenwelt aufgenommen wird, sind in den christlichen Glaubensvorstellungen verwurzelt.

Ob Kommunion, Firmung oder Konfirmation – Inhalt und Gestus einer Ansprache, die zu einem solchen Anlass gerne gehalten wird, sollte deutlich auf diese religiöse Ausrichtung festgelegt sein. Anders verhält es sich bei der Jugendweihe, mit der Jugendliche entsprechend den christlichen Zeremonien den endgültigen Schritt von der Kindheit zur Jugend vollziehen. Hier stehen eher weltliche Fragen und Themen im Vordergrund, die sich aber auch für eine Rede zur Firmung oder Konfirmation eignen.

Die Kommunion

Die katholische Erstkommunion ist eine besondere Zeremonie, mit der Kinder im Alter von acht bis neun Jahren in die Gemeinde der Erwachsenen eingeführt werden. Im Rahmen eines feierlichen Gottesdienstes, der gewöhnlich am Weißen Sonntag, dem ersten Sonntag nach Ostern, stattfindet, erhalten sie unter Teilnahme von Familie und Taufpaten zum ersten Mal das Sakrament der Kommunion. Anschließend wird gewöhnlich im familiären Kreis weitergefeiert – Gelegenheit für diverse Glückwunschreden, wobei vor allem der oder die Paten gefragt sind. Da die Hauptperson noch recht kindlich ist, sollte eine derartige Rede in ihrer Verständlichkeit nicht an dem Kind vorbeizielen, auch wenn ihm der religiöse Hintergrund der Kommunion bereits zuvor in einem mehrwöchigen Unterricht erklärt wurde und die Re-

de Eltern und andere Verwandte natürlich mit einbezieht.
Wenden Sie sich beispielsweise mit folgender Ansprache des Dichters Ernst Moritz Arndt direkt an das Kommunionkind, das – stolz auf das nagelneue festliche weiße Kleidchen oder den ersten dunklen Anzug – von dem Gottesdienst und der anschließenden Feier fasziniert ist.
➔ Ich wünsche dir zur Kommunion, / dass Gott Vater und Gott Sohn / beschützen dich mit Segen / auf allen deinen Wegen. / Dann wanderst fromm und glücklich du / der gold'nen Himmelspforte zu.
Mit Worten, die auch ein(e) Acht- bis Neunjährige(r) verstehen kann, wandte sich der Arzt und Schriftsteller Friedrich Wilhelm Weber – im 19. Jahrhundert äußerst populär als gläubiger Hausbuchdichter – direkt an das Kind:
➔ Die Welt ist voll von Gottes Segen; / Willst du ihn haben, ist er dein. / Du brauchst nur Hand und Fuß zu regen. / Du brauchst nur fromm und klug zu sein.
Nähere Ausführungen, was die angesprochene „Frömmigkeit" – also Glaube und Religion – für das Kind konkret beinhalten könnte, sollten sich an dessen individuellem Erfahrungshorizont orientieren. Vermeiden Sie hier auf jeden Fall komplizierte theoretische Reflexionen, und beziehen Sie sich lieber auf eher konkrete Situationen, die auch Kinder bewusst erleben: wie den Besuch der Messe oder den Empfang der Kommunion.
Eine Erklärung des Glaubens hingegen, die vielleicht auch Kinder nachvollziehen können, lieferte der jüdische Religionsphilosoph Martin Buber:
➔ Glaube ist die Fähigkeit, in Gottes Tempo zu gehen.
Und er wartet darüber hinaus mit einer Äußerung auf, die das Kommunionkind ermutigen soll, seinen eigenen Weg zu Gott zu suchen:
➔ Alle Menschen haben Zugang zu Gott, aber jeder einen anderen.

Die Kommunionsrede sollte vor allem den kindlichen Horizont des Hauptadressaten berücksichtigen.

Firmung und Konfirmation

Anders als bei der Kommunion, wo ein Kind im Mittelpunkt steht, werden Firmung und Konfirmation an Jugendlichen vollzogen. Die Firmung, zweites der sieben Sakramente der katholischen Kirche, steht in einem engen Zusammenhang mit

BIBELSPRÜCHE ZUR FIRMUNG UND KONFIRMATION

Hier eine Reihe von Bibelsprüchen, die sich als Konfirmationssprüche anbieten, aber auch für Glückwunschkarten, -briefe oder -E-Mails zur Konfirmation oder Firmung geeignet sind.

➔ Und der Herr sprach: Fürchte dich nicht, denn Ich bin mit dir und will dich segnen. *(1. Mose 26, 24)*

➔ Und der Herr sprach: Ich will dich nicht verlassen noch von dir weichen. *(Josua 1, 5)*

➔ Erhalte meinen Gang auf Deinen Wegen, / dass meine Tritte nicht gleiten. *(Psalm 17, 5)*

➔ Herr, mein Fels, meine Burg, mein Erretter; / mein Gott, mein Hort, auf den ich traue. *(Psalm 18, 3)*

➔ Herr, zeige mir Deine Wege und lehre mich Deine Steige! *(Psalm 25, 4)*

➔ Der Herr ist mein Licht und mein Heil; / vor wem sollte ich mich fürchten?/ Der Herr ist meines Lebens Kraft; / vor wem sollte mir grauen? *(Psalm 27, 1)*

➔ Herr, Deine Güte reicht, soweit der Himmel ist, / und Deine Wahrheit, soweit die Wolken gehen. *(Psalm 36, 6)*

➔ Schaffe in mir, Gott, ein reines Herz, / und gib mir einen neuen, beständigen Geist. *(Psalm 51, 12)*

➔ Gesegnet ist der Mann, der sich auf den Herrn verlässt und dessen Zuversicht der Herr ist. *(Jeremias 17, 7)*

➔ Wenn ihr mich von ganzem Herzen suchen werdet, so will ich mich von euch finden lassen. *(Jeremias 29, 13)*

➔ Wo der Geist Gottes ist, da ist Freiheit. *(2. Korinther 3, 17)*

➔ Seid fröhlich in Hoffnung, geduldig in Trübsal, haltet an am Gebet. *(1. Röm. 12, 12)*

➔ Denn ihr seid alle Kinder des Lichtes und Kinder des Tages. *(1. Thessaloniker 5, 5)*

der Taufe, wo der Täufling ja bereits den Geist Gottes empfängt. Sie bildet, im Rahmen eines feierlichen Gottesdienstes, die freiwillige persönliche Zustimmung des Jugendlichen, der in der Regel zwischen14 bis 16 Jahren alt ist, zu dem von den Eltern und dem oder den Paten gegebenen Taufversprechen –

eine Art von nachträglicher Bestätigung.
Die Konfirmation ist wie die katholische Firmung eine Bekräftigung des Taufversprechens und bedeutet die volle Aufnahme der 13- bis 15-jährigen Konfirmanden in die evangelische Kirche. Damit sind alle Rechte und Pflichten, wie etwa die Teilnahme am Abendmahl oder die Übernahme eines Patenamtes, verbunden. In einem Gottesdienst, der in der Regel zwischen Palmsonntag und Pfingsten stattfindet, nehmen die Konfirmanden erstmals am Abendmahl teil und erhalten unter Handauflegung des Pfarrers ein Segenswort, den so genannten Konfirmationsspruch, der sie das ganze Leben begleiten soll.

Glaube

Im Zusammenhang mit der Firmung oder der Konfirmation bietet es sich an, auf den christlichen Glauben und dessen Inhalte einzugehen – das Thema ist Jugendlichen im Alter von etwa 14 Jahren, wo sie als religionsmündig gelten, durchaus angemessen. Schließlich haben sich die Firmlinge oder Konfirmanden bereits in einem mehrmonatigen, der Zeremonie vorausgehenden Unterricht mit Fragen dieser Art beschäftigt:

→ Es ist nur eine wahre Religion, aber es kann vielerlei Arten des Glaubens geben,

stellte bereits der Philosoph Immanuel Kant fest und weist darauf hin, dass der Glaube je nach Person unterschiedliche Formen annehmen kann. Der Kern des Glaubens besteht aber darin, Gottes Botschaft aufzunehmen:

→ Glaube ist das allseitige Sichöffnen für den göttlichen Einfluss. *(Martin Luther)*

→ Der Glaube ist gleichsam das Auge der Demut. *(Hildegard von Bingen)*

→ Glaube ist Vertrauen, nicht Wissenwollen. *(Hermann Hesse)*

Der Gewinn, den der Glaube dem Christen verheißt, ist nicht weniger als ein sinnerfülltes Leben. So erklärt der Philosoph Ludwig Wittgenstein:

→ An Gott glauben heißt sehen, dass das Leben einen Sinn hat.

Glaube bedeutet auch – wie der evangelische Theologe Dietrich Bonhoeffer feststellte – dass man sich auf Gott verlässt:

→ Ich glaube, dass Gott uns in jeder Notlage so viel Wider-

standskraft geben will, wie wir brauchen. Aber er gibt sie nicht im Voraus, damit wir uns nicht auf uns selbst, sondern auf ihn verlassen.
Bonhoeffer ließ dieser Glaube über sich selbst hinauswachsen und versetzte ihn in die Lage, sich in eigener Verantwortung dem Naziregime zu widersetzen, das ihn dafür hinrichtete.

Was uns die Bibel sagen kann

Ein Aspekt, den Sie ebenfalls ansprechen dürfen, ist die Rolle, die die Bibel für den Gläubigen spielen kann – die Bedeutung des Konfirmationsspruches als eine Art Lebensmotto für evangelische Christen wurde ja schon an anderer Stelle erwähnt. Entsprechende Lektüre kann manch einem durchaus etwas geben, doch vertiefen Sie das nicht, sollten Sie wissen, dass der Kandidat mit dem geschriebenen Wort nur wenig anzufangen weiß.
So betonen solch unterschiedliche Personen wie der jüdische Philosoph Baruch Spinoza, der Theologe und Philosoph Fichte, übrigens wegen angeblichen „Atheismus" aus seinem Jenaer Professorenamt entlassen, und der evangelische Landesbischof Klaus Engelhardt den hohen Wert der Bibellektüre:

➔ Die Bibel ist ein Buch, wo jeglicher, was ihn gelüstet, sucht und jeglicher auch, was ihn gelüstet, entdeckt. *(Baruch Spinoza)*

➔ Die Bibel enthält diese alte und ehrwürdige Urkunde, die tiefsinnigste und erhabenste Weisheit und stellt Resultate auf, zu denen alle Philosophie am Ende doch wieder zurückmuss. *(Johann Gottlieb Fichte)*

➔ Die Bibel ist ein nie ausgelesenes Buch. *(Klaus Engelhardt)*

Ein Leben mit Gott

Der Zugang zu Gott findet im Gebet statt – eine wichtige Säule des christlichen Glaubens, wie schon der mittelalterliche dominikanische Mystiker Meister Eckehart erkannte:

➔ Das Gebet ist der sicherste Weg zu Gott.

Dass es sich dabei nicht um einen Monolog, sondern um ein Zwiegespräch mit Gott handeln sollte, zeigt der Theologe Sören Kierkegaard:

➔ Beten heißt nicht, sich selbst reden hören. Beten heißt: Stillewerden und Stillesein und Hören, bis der Betende Gott hört.

GLAUBE UND VERNUNFT

Eine spannende Frage ist die nach dem Verhältnis von Glaube und Vernunft. Den (scheinbaren) Widerspruch zwischen Vernunft/Verstand/Wissen und Glaube löste der Romantiker Novalis folgendermaßen:

➔ Wissenschaft ist nur eine Hälfte, Glauben ist die andere.

Und Blaise Pascal, als Religionsphilosoph und Wissenschaftler ebenfalls zwischen den beiden Polen hin- und hergerissen, spricht sich in diesem Zusammenhang klar für die Dominanz des Glaubens über die Vernunft aus – als einzige Möglichkeit, Gott wirklich zu erfahren. Nicht anders der niederländische Mystiker und Augustinerpriester Thomas von Kempen:

➔ Es ist aber das Herz, das Gott spürt, und nicht die Vernunft. Das aber ist der Glaube: Gott im Herzen spüren und nicht in der Vernunft. *(Blaise Pascal)*

➔ Die menschliche Vernunft ist schwach und dem Irrtum verfallen; der wahre Glaube aber kann nicht irren. *(Thomas von Kempen)*

Verbinden Sie doch mit dem Beispiel Dietrich Bonhoeffers die grundlegende Frage, wie sich ein „gottgefälliges" Leben führen lässt. Die beiden großen Konfessionen werten hier die Eigenverantwortung des Individuums teilweise unterschiedlich. So genießt sie in der evangelischen Kirche einen wesentlich höheren Stellenwert, doch es gibt auch allgemein anerkannte Maximen wie die des ehemaligen Augustinermönchs und späteren Reformators Martin Luther:

➔ Gott dienen ist nichts anderes als deinem Nächsten dienen und mit Liebe wohl tun.

Auf diesem Weg wird der Mensch von Gott unterstützt. Die zum Katholizismus konvertierte jüdische Philosophin und Karmeliternonne Edith Stein, die ihrer jüdischen Herkunft wegen von den Nationalsozialisten im KZ Auschwitz ermordet wurde, war sich der Unterstützung Gottes immer sicher:

➔ Gott verlangt nichts vom Menschen, ohne ihm zugleich die Kraft dafür zu geben.

Jugendweihe oder Jugendfeier

Diese festliche und familiäre öffentliche Feier für Mädchen und Jungen im Alter von 14 Jahren gestaltet den Übergang von der Kindheit ins Jugendalter und ist weltlich ausgerichtet. Die Jugendweihe soll als Alternative zur christlichen Konfirmation bzw. Firmung Jugendlichen gegen Ende ihrer Schulausbildung ein analoges emotionales Kollektiverlebnis anbieten. Entsprechend zum Firm- oder Konfirmationsunterricht geht ihr ein kulturgeschichtlich fundierter Moralunterricht voraus. 1933 von den Nationalsozialisten verboten, wurde sie 1955 in der DDR für alle Jugendlichen als offizieller Festakt beim Verlassen der Einheitsschule eingeführt, heute existiert sie vornehmlich in den neuen Bundesländern und gestaltet sich folgendermaßen: Dem Vortrag des Jugendlehrers folgen das Gelöbnis der Jugendlichen und die Übergabe von Erinnerungsblättern sowie eines Gedenkbuchs, umrahmt werden all diese Elemente von Gesängen und Rezitationen. Nach Ansicht der christlichen Konfessionen ist die Jugendweihe übrigens kein Ausschlusskriterium für die Teilnahme an Konfirmation bzw. Firmung.

Jugendweihe: Orientierung beim schwierigen Übergang von der Jugend zum Erwachsensein

Orientierungshilfe

Im Mittelpunkt der Jugendweihe steht weniger die Vermittlung von Glaubensinhalten, vielmehr geht es um Unterstützung, Anregungen und Orientierungshilfen für die Suche nach dem allgemeinen Sinn des Lebens außerhalb der Religion. Diese Themen eignen sich natürlich auch für eine Ansprache zur Firmung oder zur Konfirmation.

Der Tonfall sollte hier locker und augenzwinkernd sein, keinesfalls besserwisserisch „erwachsen“, was Jugendliche erfahrungsgemäß nicht gerade lieben, besonders wenn ihre Reife in Zweifel gezogen wird.

Widerstand

Ausgangspunkt Ihrer Überlegungen könnte das Thema der Jugend sein, eine nicht immer einfache Zeit, in der man sich reibt, ja Widerstand leistet:

→ Jugend will, dass man ihr befiehlt, damit sie die Möglichkeit hat, nicht zu gehorchen. *(Jean-Paul Sartre)*

Gehen Sie doch darauf ein, dass sich jugendlicher Ungehorsam durchaus als produktiv erweisen kann, es sich nicht nur um Opposition um der Opposition willen handelt. Widerstand trägt auch dazu bei, die eigene Persönlichkeit zu entwickeln, und er kann, wie Jean Cocteau feststellte, der erste Schritt sein, einen eigenen, sinnvollen Weg zu suchen und zu gehen:

→ Die Jugend weiß, was sie nicht will, bevor sie sich darüber im Klaren ist, was sie will.

Dabei entstehen neue Ideen, die die Gesellschaft benötigt:

→ Wir brauchen die Herausforderung der jungen Generation, sonst würden uns die Füße einschlafen. *(Willy Brandt)*

Jugend, Reife und Erwachsensein

Die Ablehnung alter und die Entwicklung neuer Gedanken gehört zu einem Reifeprozess, der natürlich auch mit einschließt, dass die „jungen Wilden" Positionen der Erwachsenen anerkennen und befolgen – vielleicht auch solche, gegen die man einst Sturm lief. Reife ist nach Paul Watzlawick gerade,

→ wenn man die richtigen Dinge tut, obwohl sie von den Eltern empfohlen wurden.

Voraussetzung und Folge dieses Reifeprozesses bildet die zunehmende Fähigkeit, die Umwelt zu erkennen und zu verstehen:

→ Reifer werden heißt schärfer trennen, inniger verbinden. *(Hugo von Hofmannsthal)*

In der Jugend steckt also jede Menge Potenzial, das in die Zukunft weist:

→ Deutschlands wertvollster Rohstoff ist nachwachsend: Es sind die jungen Leute. *(Jürgen Rüttgers)*

Bei so viel Lob darf man die Jugendlichen zum Abschluss aber durchaus auch etwas bremsen: Sie sollten sich nicht zu viel vornehmen und sie müssen erkennen, dass ihre eigentliche Zeit erst in der Zukunft liegt:

→ Du bist nicht für das Universum verantwortlich: Du bist verantwortlich für dich selbst. *(Arnold Bennett)*

→ Der Jugend gehört die Zukunft – aber eben erst die Zukunft. *(Kurt Sontheimer)*

… und noch mehr Zitate

Im Folgenden ein Auswahl weiterer Zitate, die sich mühelos in eine Rede zur Firmung, Konfirmation oder Jugendweihe einbauen lassen.

BIBELSPRÜCHE

➔ Jesus sagt: Ich bin das Licht der Welt. Wer mir nachfolgt, der wird nicht wandeln in der Finsternis, sondern wird das Licht des Lebens haben. *(Johannes 8, 12)*

➔ Wo der Geist Gottes ist, da ist Freiheit. *(2. Korinther 3, 17)*

➔ Denn ihr seid alle Kinder des Lichtes und Kinder des Tages. *(1. Thessaloniker 5, 5)*

➔ Sehet, welch eine Liebe hat uns der Vater erzeiget, dass wir Gottes Kinder heißen; und es auch sind. *(1. Johannes 3, 1)*

CHRISTENTUM

➔ Blüh auf, gefrorner Christ, der Mai steht vor der Tür! / Du bleibest ewig tot, blühst du nicht jetzt und hier. *(Angelus Silesius)*

➔ Das größte Examen, dem ein Mensch sich zu unterwerfen hat, wozu ihm auch das ganze Leben angewiesen ist, das ist: Christ werden und Christ sein. *(Sören Kierkegaard)*

EIN LEBEN MIT GOTT

➔ Der Weg zu Gott ist die Verantwortung für den Nächsten. *(Anonym)*

➔ Besser ist es, Gott zu lieben, als ihn zu erkennen. Dagegen ist es besser, die körperhaften Dinge zu erkennen, als sie zu lieben. *(Thomas von Aquin)*

➔ Eigentlich solle ich mich schämen, Gott mit meiner Person zu behelligen. Aber seltsam, ich fühle, dass sich Gott mit mir beschäftigt. *(Karl Gutzkow)*

➔ Das ist Gottes Werk und Kunst, dass er böse Sachen gut machen kann, wenn wir es verderbt und verwahrlost haben. Gott pflegt aus nichts alles zu machen. *(Martin Luther)*

➔ Wer Gott aufgibt, der löscht die Sonne aus, um mit einer Laterne weiterzuwandeln. *(Christian Morgenstern)*

GLAUBE IST …

➔ … nicht der Anfang, sondern das Ende allen Wissens. *(Johann Wolfgang von Goethe)*

➔ … ein besserer Ratgeber als die Vernunft. Die Vernunft hat Grenzen, der Glaube keine. *(Blaise Pascal)*

➔ Das Gegenteil von Sünde ist nicht die Tugend, sondern der Glaube. *(Sören Kierkegaard)*

➔ Das Wort ist tot, der Glaube macht lebendig. *(Friedrich von Schiller)*

➔ Alles wanket, wo der Glaube fehlt. *(Friedrich von Schiller)*

➔ Der Gläubige, der nie gezweifelt hat, wird schwerlich einen Zweifler bekehren. *(Marie von Ebner-Eschenbach)*

➔ Die verstehen sehr wenig, die nur das verstehen, was sich erklären lässt. *(Marie von Ebner-Eschenbach)*

➔ Was ist selbst der glücklichste Mensch ohne Glauben? Eine schöne Blume in einem Glase Wasser, ohne Wurzel und ohne Dauer. *(Ludwig Börne)*

➔ Der Glaube ist wie die Liebe: Er lässt sich nicht erzwingen. Daher ist es ein missliches Unternehmen, ihn durch Maßregeln einführen oder befestigen zu wollen. *(Arthur Schopenhauer)*

JUGEND, REIFE UND ERWACHSENSEIN

➔ Es ist ja so bequem, unmündig zu sein. *(Immanuel Kant)*

➔ Ich wollt', es gäb' kein Alter zwischen 16 und 23 oder die jungen Leute würden's überschlafen; denn dazwischen gibt's nichts als Jungfern Kinder machen, dem Alter Schabernack antun, stehlen und raufen. *(William Shakespeare)*

➔ Je grüner das Holz, desto dicker der Rauch. *(Deutsches Sprichwort)*

➔ Das Schicksal geht mit uns wie mit Pflanzen um: Es macht uns durch kurze Fröste reifer. *(Jean Paul)*

➔ Ich kenne keine ermutigendere Tatsache als die fraglose Fähigkeit des Menschen, sein Leben durch bewusste Anstrengung weiterzuentwickeln. *(Henry David Thoreau)*

Erfolg

Markante Ereignisse im Dasein eines Menschen bilden die absolvierten Prüfungen. Bisweilen leiten sie gar einen neuen Lebensabschnitt ein – am deutlichsten beim Übergang von der Ausbildung zum Arbeitsleben.

Während der beruflichen Laufbahn ergeben sich natürlich weitere Zäsuren, und allen ist eines gemeinsam: Vor dem Erfolg steht die Bewältigung diverser Aufgaben und mit jedem Aufstieg sind wiederum neue Herausforderungen verknüpft. Kommen Sie also in die Situation, zu einem solchen Anlass eine Rede zu halten, liegen Sie immer richtig mit dem Hinweis auf die Schule des Lebens:

➔ Non scholae sed vitae discimus. (Nicht für die Schule, sondern fürs Leben lernen wir.)

Bei diesem bekannten Sprichwort handelt es sich eigentlich um die Umkehrung des Originals, das eben das Gegenteil beklagte:

➔ Non vitae sed scholae discimus. (Leider lernen wir nicht für das Leben, sondern für die Schule.) *(Seneca, „Briefe an Lucilius", Epistel 106)*

Anstatt aber in Resignation zu verfallen, sollten Sie bei solcher Gelegenheit lieber die zahlreichen positiven Aspekte von Bildung und Erfolg hervorheben, wobei Sie aus einem reichen Arsenal entsprechender Zitate schöpfen können.

Schul- und Universitätsabschluss

Am Anfang jeder Ausbildung steht zunächst irgendwann der Tag, an dem man mit hochroten Wangen das erste Mal die Schulbank drückt, denn:

➔ Also lautet der Beschluss: Dass der Mensch was lernen muss. *(Wilhelm Busch, „Max und Moritz")*

Diese simple Weisheit eignet sich perfekt für den Beginn einer Laudatio auf den glücklichen Schul- oder Universitätsabsolventen, verbunden mit einer Rückschau auf den Ausbildungsgang. Nach dessen letztlich erfolgreichem Abschluss kann man natürlich auch Hürden ins Gedächtnis rufen, die nicht ohne Schwierigkeiten genommen wurden: Was bekümmert es den Abiturienten, dass er einmal eine „Ehrenrunde" gedreht hat?

Nach der heiteren Retrospektive wird sich die Rede dann den Zukunftsaussichten widmen und sollte neben individuellen Plänen auch allgemeine Punkte berühren wie den Umstand, dass das Leben selbstverständlich noch viele weitere Reifeprüfungen bereithält:

➔ Es bildet ein Talent sich in der Stille, / Sich ein Charakter in dem Strom der Welt. *(Johann Wolfgang von Goethe, „Torquato Tasso", 1790)*

Möchte man genervte Seufzer der – ziegenbärtigen, gepiercten oder tätowierten – Jugend angesichts „angestaubter" Klassikerzitate vermeiden, entlehnt man seine Sentenz für einen Ausblick auf die Zukunft vielleicht besser der modernen Kunst- und Geschäftswelt:

➔ Die Ästhetik unserer Tage heißt Erfolg. *(Andy Warhol)*

Während sich eine Rede auf die Schulzeit in einem recht stereotypen Bereich bewegt, hat man es bei frischgebackenen Akademikern mit Spezialisten zu tun. Dementsprechend sollte man auf die allgemeine Richtung des Studiums eingehen oder auch auf das konkrete Berufsbild. Dabei sind, augenzwinkernd vorgetragen, landläufige Schmähungen bestimmter Berufsgruppen durchaus erlaubt:

➔ Wer nicht mehr ist denn ein Juriste, der ist allwohl ein arm Ding. *(Martin Luther)*

Nicht schaden kann andererseits im Vorfeld der beruflichen Karriere folgender Appell:

➔ Die Selbstüberschätzung tötet den Erfolg im Keim. *(Otto von Bismarck)*

Karriere und Erfolg

Auch im Berufsleben gibt es immer wieder mit einem Aufstieg verbundene Einschnitte, die zu würdigen sind. Die Stufenleiter der beruflichen Karriere wird selten im Sturm genommen, meist herrschen – mit wenigen deutlichen Zäsuren – Phasen allmählichen Aufstiegs oder der Stagnation vor. Darauf können Sie in Ihrer Rede eingehen und mit dem amerikanischen Architekten Frank Lloyd Wright natürlich betonen, dass vor dem Erfolg der Schweiß steht:

➔ Der Preis des Erfolges ist Hingabe, harte Arbeit und unablässiger Einsatz für das, was man erreichen will.

Und nach einem bedeutenden Industriemagnaten muss man das Glück haben, genau über die Anlagen zu verfügen, die das Gebot der Stunde erfordert:

➔ Der Erfolg besteht darin, dass man genau die Fähigkeiten hat, die im Moment gefragt sind. *(Henry Ford)*

Solche allgemeinen Aussagen sollten Sie in Ihrer Rede auf die persönlichen Fähigkeiten beziehen, die der Gelobte während seines Werdeganges an den Tag gelegt hat, und – vor allem bei Managern, denen kaum Zeit für Privatleben bleibt – außerdem daran erinnern, dass mancher Erfolg unmöglich wäre ohne mannigfaltige Unterstützung durch die Dame des Hauses. Dieser wiederum wird das Bonmot eines geistreichen Dandys angenehm im Ohr klingen:

➔ Kein Mann hat irgendeinen wirklichen Erfolg in dieser Welt, wenn er nicht Frauen hat, die ihn fördern, und Frauen beherrschen die Gesellschaft. Haben Sie keine Frauen an Ihrer Seite, ist es mit Ihnen aus und vorbei. *(Oscar Wilde)*

Dieses Lob der Frauen stammt aus einer Epoche, als dem weib-

TROST UND ZUSPRUCH

Zum guten Schluss ein Wort zum Verdruss: Möglicherweise kommen Sie in die Situation, dass sich bei Ihrer Lobeshymne in der gemischten Zuhörerschaft, etwa nach dem Abitur, Bedauernswerte finden, denen gerade eine Prüfung misslungen ist. Kein Problem – diese vermögen Sie perfekt zu trösten mit diesem Aphorismus Lichtenbergs:

➔ Ist es nicht sonderbar, dass man zu den höchsten Ehrenstellen der Welt (König) ohne Examen gelangt, das man von jedem Stadtphysikus fordert? *(Georg Christoph Lichtenberg, „Sudelbücher“, L 261, 1796–1799)* lichen Geschlecht eine berufliche Karriere noch weitgehend verschlossen war – im Gegensatz zur heutigen Ära gut verdienender Powerfrauen. Gilt Ihre Rede einer „Karrieristin“, lässt sich auch dieses Phänomen anhand des Wilde-Zitates bestens thematisieren: Zeigen Sie doch, wie sich die Zeiten geändert haben! Oder Sie lassen die bekannte und während ihres Berufslebens außerordentlich erfolgreiche italienische Managerin Marisa Bellisario zu Wort kommen:

➔ Erfolgreich zu sein, ist für eine Frau schwieriger, macht aber viel mehr Spaß.

Schattenseiten des Erfolges

Ob Männlein oder Weiblein: Immer besteht die Gefahr, dass mit dem Erfolg auch Negatives einhergeht, das man jedoch nicht so grimmig betrachten muss wie manche (Erfolgs-) Schriftsteller:

➔ Ich glaube, dass Erfolg das Leben und den Charakter verdirbt. *(Stefan Zweig)*

Differenzierter und herablassender sah dies ein – als bissiger Spötter glänzender – Landsmann Zweigs:

➔ Erfolg steigt erst dann zu Kopfe, wenn der dazu benötigte Hohlraum vorhanden ist. *(Karl Kraus)*

Oder zitieren Sie einfach einen Zeitgenossen und Schriftstellerkollegen des Österreichers, der seine diesbezügliche Warnung in folgenden hübschen Vierzeiler verpackt:

➔ Lorbeer ist ein gutes Kraut / Für die Saucenköche; / Wer’s als Kopfbedeckung wünscht, / Wisse, dass es steche. *(Otto Julius Bierbaum)*

Mit derart provokanten Aperçus gilt es allerdings vorsichtig zu sein, selbst wenn sie nur als ironischer Aufhänger dienen. Im Zweifelsfall begnügen Sie sich deshalb lieber mit der Abgeklärtheit des Mathematikers und Philosophen:

➔ Der Erfolg ist und bleibt nur ein Bestandteil des Glücks, und wenn alle übrigen Glücksmomente ihm aufgeopfert werden müssen, ist er zu teuer erkauft. *(Bertrand Russell)*

Ein erfolgreicher Mensch kann noch so ideal die Balance halten zwischen Selbstbewusstsein und Bescheidenheit und seine Lorbeeren absolut verdient haben. Auf dem Jahrmarkt der Eitelkeit

Nach der Prüfung ist vor der Prüfung – das Leben hält immer wieder neue Herausforderungen bereit.

werden sie unweigerlich die Neider auf den Plan rufen:

➔ Dein Erfolg enthält immer etwas, das selbst deinen besten Freunden missfällt. *(Oscar Wilde)*

Sofern mit Fingerspitzengefühl gehandhabt, bietet dieser Ausspruch Ansatzpunkte für die Darstellung des Gegenteils, nämlich der allgemeinen Beliebtheit der Person, die Sie ehren wollen. Ähnlich verhält es sich mit dem abgefeimten Wortspiel aus der Feder eines österreichischen Kabarettisten:

➔ Wenn Karrieren schwindelnde Höhen erreichen, ist der Schwindel häufig nicht mehr nachzuweisen. *(Werner Schneyder)*

Titel aller Art

Es ist vielleicht kein Zufall, dass das letztgenannte Zitat ausgerechnet aus Österreich stammt – einem Land also, in dem längst kein kaiserlicher Hof mehr existiert, sehr wohl aber noch jede Menge Hofräte. Und nirgendwo wird mit solcher Hingabe der Kult des Titels gepflegt! Andernorts muss man, um etwa Doktor zu sein (und nicht nur als solcher zu gelten), einiges mehr leisten, als im Kaffeehaus mit passender Brille ein Intelligenzblatt zu lesen. Besten Gewissens kann es daher in einer Laudatio nach dem Rigorosum heißen:

➔ Das Doktorwerden ist eine Konfirmation des Geistes. *(Georg Christoph Lichtenberg, „Aphorismen")*

Hieran lassen sich temperamentvoll diverse Thesen anschließen: vom Thema der Dissertation über den Doppelsinn des Begriffs „Promotion" – mit seiner zweiten Bedeutung in der Sprache der Werbung – bis zur Analogie der Konfirmation im religiösen Kontext. Lassen Sie einfach locker Ihr Assoziationsvermögen walten.

Nicht nur Akademiker werden durch Titel nobilitiert: Diese finden sich auch beim Beamtentum oder im Wirtschaftsleben. Und welchen Sprung auch immer jemand in der Hierarchie vollführt, mit Titel-Eitelkeit können Sie rechnen – bei einem Obersteuerinspektor wie bei einem Hauptabteilungsleiter einer großen Elektronikfirma. Also Vorsicht: Jede Spitze sorgsam mit Respekt unterfüttern – auch diese des deutschen Journalisten Wolfram Weidner:

→ Titel verraten, welchen Grad die Titelsucht bei ihren Trägern erreicht hat.

Lebenslänglich: Lernen und Bildung

Wichtiger Bestandteil einer jeden Rede zu solchen Anlässen ist der Ausblick in die Zukunft mit ihren Mühen und Wonnen, zu denen (siehe oben) auch ständiges Lernen und natürlich die eine oder andere Prüfung zählt:

→ Sobald einer in einer Sache Meister geworden ist, sollte er in einer anderen Sache Schüler werden. *(Gerhart Hauptmann)*

Ähnlich, aber auch ein wenig bedrohlich sah dies Gerhart Hauptmanns physiognomisches und literarisches Vorbild aus Weimar:

→ Mit den Jahren steigern sich die Prüfungen. *(Johann Wolfgang von Goethe, „Maximen und Reflexionen")*

Über solche Maximen lässt sich natürlich durchaus heiter reflektieren, was einem altersweisen österreichischen Maler der expressionistischen Schule – der ehemals ein junger Wilder war – ausdrucksvoll mit einem ökonomischen Vergleich gelang:

→ Man muss im Leben für seine Erfahrungen bezahlen. Wenn man Glück hat, bekommt man Rabatt. *(Oskar Kokoschka)*

Allemal ein Glück ist der Segen umfassender Allgemeinbildung, die oft unmittelbar den beruflichen Erfolg fördert – und indirekt, indem sie zugleich eine Bildung der Persönlichkeit bedeutet. Während Kraus sie als Privileg rühmt, hebt Spencer ihren praktischen Aspekt hervor:

→ Bildung: etwas, das die meisten empfangen, viele weitergeben und wenige haben. *(Karl Kraus)*

→ Das große Ziel der Bildung ist nicht Wissen, sondern Handeln. *(Herbert Spencer)*

Letztere Ansicht wird lernfaulen Naturen eher einleuchten als folgende englische Weisheit:

→ Das Leben eines Menschen, der freiwillig studiert, ist von unaussprechlichem Vergnügen begleitet. *(Oliver Goldsmith, „Der Weltbürger", 1762)*

Solches Lob lebenslangen Studiums zaubert ein Lächeln auf die Lippen anwesender Bücherwürmer und garantiert, ironisch aufgefasst, einen Sturm der Heiterkeit bei allen (weniger weltfremden) Genussmenschen!

... und noch mehr Zitate

Im Folgenden eine Auswahl weiterer Zitate mit passenden Gedanken – zur Verwendung in Glückwunschbriefen oder für Gratulationsreden im Freundeskreis oder Betrieb.

SCHUL- UND UNIVERSITÄTSABSCHLUSS

➔ Wie sehr der Mensch nach Wissenschaft verborgner Dinge ringt, / so bleibt ihm doch unzählig viel, davon er sagt: mich dünkt. *(Friedrich von Logau, „Menschliche Unwissenheit")*

BEFÖRDERUNG

➔ In der höchsten Stellung ist das geringste Maß an Handlungsfreiheit. *(Catull)*

➔ Das schwere Leben ist am leichtesten zu ertragen, wenn man sich schwere Aufgaben stellt. *(Peter Rosegger)*

➔ Niemals unersetzlich sein! Wer unersetzlich ist, kann nicht befördert werden. *(Anonym)*

KARRIERE UND ERFOLG

➔ Bereit sein ist viel, warten zu können ist mehr, doch erst: den rechten Augenblick nützen, ist alles. *(Arthur Schnitzler)*

➔ Es kommt weniger darauf an, was man leistet, als vielmehr darauf, wo man es leistet. *(Johann Nestroy, „Frühere Verhältnisse")*

➔ Beim gesellschaftlichen Aufstieg empfiehlt es sich, freundlich zu den Überholten zu sein. Man begegnet ihnen beim Abstieg wieder. *(Johann Herbst)*

➔ Bevor man eine Leiter besteigt, sollte man sich vergewissern, ob sie an der richtigen Wand lehnt. *(Italienisches Sprichwort)*

SCHATTENSEITEN DES ERFOLGES

➔ Anständige Menschen zeigen oft ein bisschen Feigheit, eine kleine Schwäche. Nur Schurken sind vom Erfolg überzeugt. Und deswegen haben sie Erfolg. *(Charles Baudelaire)*

➔ Der Erfolg steigt den Menschen zu Kopf, aber am schlimmsten wirkt er sich auf die Bauchpartien aus. *(William H. Taft)*

MISSERFOLG

➔ Die Zaghaftigkeit – wo Gutes gewollt wird – ist zu nichts nütze. Sie ist nur die Quelle immer weiterer Schwäche und damit immer weiterer Misserfolge. *(Christian Morgenstern)*

➔ Die meisten Misserfolge kommen kurz vor dem Ziel. *(Thomas Alva Edison)*

LEBENSLÄNGLICH: LERNEN UND BILDUNG

➔ Gebildete Menschen sind den ungebildeten genauso überlegen wie die Lebenden den Toten. *(Aristoteles)*

➔ Man bleibt jung, solange man noch lernen, neue Gewohnheiten annehmen und Widerspruch ertragen kann. *(Marie von Ebner-Eschenbach)*

➔ Lernen ist wie Rudern gegen den Strom. Hört man damit auf, treibt man zurück. *(Laotse)*

MIT AUGENZWINKERN UND IRONIE ...

➔ Es gibt heutzutage so viele Genies, dass man recht froh sein soll, wenn einem einmal der Himmel ein Kind beschert, das keines ist. *(Georg Christoph Lichtenberg, „Aphorismen“)*

➔ Man kann es auf der Welt nur auf zwei Arten zu etwas bringen: durch eigene Strebsamkeit oder durch die Dummheit der anderen. *(Jean de La Bruyère, „Von den Glücksgütern“)*

➔ Wenn unser Charakter ausgebildet ist, fängt leider unsere Kraft an, zusehends abzunehmen. *(Johann Gottfried Seume, „Apokryphen“)*

Für Verliebte

„Liebe, sagt man schön und richtig, / Ist ein Ding, das äußerst wichtig", behauptet schon Wilhelm Busch in seinem Gedicht „Julchen" (1877) und bringt die Sache damit wie gewohnt mit knappen Worten auf den Punkt.

Die Liebe ist immer wieder ein unerschöpfliches Thema.

Was über sie von Dichtern, Philosophen und anderen Prominenten geäußert wurde, füllt ganze Bibliotheken, ob es nun um ihre Freuden oder ihre Schattenseiten wie Eifersucht und Liebeskummer geht. Offizielle Gelegenheiten, sich in Form einer Ansprache über die Liebe zu äußern, sind wohl in erster Linie Verlobungs- oder Hochzeitsfeiern.
Doch vielleicht sind Sie gerade frisch verliebt und suchen aus gegebenem Anlass ein passendes Zitat für die Dame oder den Herrn Ihres Herzens, etwa zum Valentinstag am 14. Februar, für deren Geburtstag oder auch nur für einen ganz „normalen" Liebesbrief ... Denn, wie schon der Dramatiker August von Kotzebue wusste:

➔ Die liebenswürdigste der Frauen / Wird immer auch die schönste sein. *(August von Kotzebue, „Die neue Frauenschule", 1812)*

Liebeserklärung(en)

Im Zentrum jeder Liebeserklärung stehen natürlich die Qualitäten der geliebten Person. Wer sich bei deren Lobpreis von Klassikern der Lyrik unterstützen lassen möchte, findet im Folgenden einige Anregungen – aber vergessen Sie nicht: Ob es nun „ihre" tiefblauen Augen sind oder „seine" Stärke und Zuverlässigkeit, es handelt sich jeweils um ganz individuelle Vorzüge. Deshalb wählen Sie dafür am besten nicht nur fremde Worte! Und selbst wenn Ihre poetische Begabung deutlich abfällt gegenüber den Meistern des Metiers, so wird doch der gute Wille umso höhere Anerkennung finden.

→ Wenn ich, von deinem Anschaun tief gestillt, / Mich stumm an deinem heilgen Wert vergnüge, / Dann hör ich recht die leisen Atemzüge / Des Engels, welcher sich in dir verhüllt. *(Eduard Mörike, „An die Geliebte")*

→ Blütenduft erhasch ich und Mondenglanz, / webe draus einen schimmernden Schleier dir, / und um deine Gestalt, die keusche, / lege ich zärtlich und leis ihn, Geliebte! *(Christian Morgenstern, „An die Geliebte")*

→ Meine geliebte hat ein berückendes lächeln / Berückendes lächeln hat meine geliebte. / Warum geliebte? / Gießest du dir einen trank in den becher / Und trübt der wein deine schaffenden sinne / So sprich: / In diesem weine schäumt ein stück meines lebens. *(Waclaw Rolicz-Lieder, „Meine Geliebte", deutsch von Stefan George)*

Liebe ist ...

Fast ebenso schwer wie die treffende Beschreibung einer geliebten Person fällt die Antwort auf die Frage, was Liebe ist. Trotzdem können Sie Ihre Liebeserklärung immer mit allgemeinen Weisheiten über Wert und Wonne der Liebe verknüpfen:

→ Es ist bemerkenswert, dass wir gerade von dem Menschen, den wir lieben, am mindesten aussagen können, wie er sei. *(Max Frisch, „Tagebuch (1946–1949")*

BLUMENGRUSS

Ein Gedicht, das einen Kartengruß mit Blumenstrauß zum Valentinstag begleiten könnte:

→ Der Strauß, den ich gepflücket,
Grüße dich viel tausendmal!
Ich habe mich oft gebücket,
Ach, wohl ein tausendmal,
Und ihn ans Herz gedrücket
Wie hunderttausendmal!
(Johann Wolfgang von Goethe)

Also behilft man sich am besten mit den machtvollen Bildern der Umschreibungen von Friedrich Schiller und Novalis:

→ Allmächt'ge Liebe! Göttliche! Wohl nennt / Man dich mit Recht die Königin der Seelen. / *(Friedrich von Schiller, „Die Braut von Messina", 1803)*

→ Die Liebe ist der Endzweck der Weltgeschichte, das Amen des Universums. *(Novalis)*

Noch poetischere Worte für den hohen Wert dieses komplexen Seelenzustands fand der irische Dichter Oscar Wilde in „Die Nachtigall und die Rose", einem Märchen für Erwachsene:

→ Wahrhaftig, die Liebe ist etwas Wunderbares! Kostbarer ist sie als Smaragde und teurer als Opale. Perlen und Granate können sie nicht kaufen, und auf den Märkten wird sie nicht feilgeboten.

Die paradox anmutende Erkenntnis, dass im Bereich der Liebe endlose Verschwendung immer wieder neues Wachstum erzeugt, formuliert wiederum die Dichterin Ricarda Huch:

→ Liebe ist das Einzige, was wächst, wenn wir es verschwenden.

Hemmungslose Verliebtheit, deren Opfer sich gerne in geradezu willenlose Sklaven ihres Liebesobjekts verwandeln, ist natürlich auch ein gefundenes Fressen für ironische Kommentare. Diese werden allerdings wirklich nur aus dem Mund der besten Freunde auf echte Akzeptanz stoßen – oder als freundlicher Rippenstoß des eigenen Partners? Man kann sie ja auch gleich im Anschluss widerlegen.

→ Liebe ist Anregung für das Herz unter Anästhesie des Verstandes. *(Sacha Guitry)*

Weit weniger verfänglich ist dagegen der schöne Hinweis der englischen Schriftstellerin Daphne Du Maurier, dass Männer und Frauen sich unter Liebe nicht unbedingt dasselbe vorstellen:

→ Frauen möchten in der Liebe Romane erleben, Männer Kurzgeschichten.

Liebe macht glücklich

Eine fundamentale Erkenntnis, die man einander nicht oft genug bestätigen kann. Hermann Hesse geht sogar so weit, das Glück an sich mit dem Zustand der Liebe gleichzusetzen, und frisch Verliebte werden dies sicherlich unterschreiben:

→ Glück ist Liebe, nichts anderes. Wer lieben kann, ist glücklich.

Ein anrührendes Bild für Sicherheit und Vertrauen, die wahre Liebe garantiert, fand die Dichterin Mascha Kaléko im Bereich der Seefahrt:

KEIN STEINERN BOLLWERK KANN DER LIEBE WEHREN …

→ … und Liebe wagt, was irgend Liebe kann,
heißt es in William Shakespeares „Romeo und Julia" (1594, Übersetzung von Schlegel und Tieck). Dieses Drama des englischen Autors wurde in unserer westlichen Kultur geradezu zum Sinnbild einer Liebe, die selbst den Tod noch überdauert.
Möglicherweise ist Ihre eigene Beziehung weniger von verfeindeten Familien bedroht als durch gewisse widrige Umstände und Sie möchten Ihren Partner diesbezüglich Ihrer Standhaftigkeit versichern? Vielleicht argumentieren Sie auch mit dem Gedicht „Die Liebe" von Matthias Claudius:

→ Die Liebe hemmet nichts; sie kennt nicht Tür noch Riegel / Und dringt durch alles sich / Sie ist ohn' Anbeginn, schlug ewig ihre Flügel / Und schlägt sie ewiglich.

→ *Für Einen* / Die Andern sind das weite Meer. / Du aber bist der Hafen. / So glaube mir: kannst ruhig schlafen, / Ich steure immer wieder her. // Denn all die Stürme, die mich trafen, / Sie ließen meine Segel leer. / Die Andern sind das bunte Meer, / Du aber bist der Hafen. // Du bist der Leuchtturm. Letztes Ziel. / Kannst Liebster, ruhig schlafen. / Die Andern … das ist Wellenspiel, / Du aber bist der Hafen.

Oder Sie betonen die „erhebende" Wirkung der Liebe:

→ Liebe bleibt die goldne Leiter, / Drauf das Herz zum Himmel steigt. *(Emanuel Geibel, „Lieder als Intermezzo")*

Doch alle Euphorie einer frischen Liebe sollte nicht den Blick dafür verstellen, dass diese sich auf Dauer nicht selbst genügen kann, sondern in neue Ziele münden sollte – ein Gedanke, der etwa auch in einer Verlobungsrede Platz fände. Der Schriftsteller Antoine de Saint-Exupéry demonstriert dies recht überzeugend anhand des folgenden, aus dem Alltag entlehnten Bildes:

→ Die Erfahrung lehrt uns, dass Liebe nicht darin besteht, dass man einander ansieht, sondern

STICHWORT EIFERSUCHT

Haben Sie es sich gerade durch übermäßige Eifersucht mit dem oder der Geliebten verscherzt? Möchten Sie ihn oder sie um Verzeihung bitten? Vielleicht vermögen es folgende selbstkritische Worte, Ihren Partner dafür empfänglich zu stimmen:

➔ Wir halten Eifersucht immer für den Ausbruch des Bewusstseins der eigenen Schwäche oder der eigenen Unliebenswürdigkeit. *(Jeremias Gotthelf, „Uli der Pächter", 1849)*

Eine fast schon „klassische" Definition dieses ambivalenten Gefühls, verpackt in ein geschicktes Wortspiel, prägte der Philosoph Friedrich Schleiermacher:

➔ Eifersucht ist eine Leidenschaft, die mit Eifer sucht, was Leiden schafft.

Der Meisterdenker Friedrich Nietzsche analysiert diesen Seelenzustand noch subtiler:

➔ Die Eifersucht ist die geistreichste Leidenschaft und trotzdem noch die größte Torheit.

Ein solches Eingeständnis bereitet charmant den Boden für die Wirkung Ihrer persönlichen Entschuldigungsworte.

dass man in die gleiche Richtung blickt ...

Liebeskummer und Qual der Leidenschaft

Die gesteigerte Sensibilität, die mit der Liebe einhergeht, macht natürlich auch besonders empfänglich für Verletzungen – ein schwacher Trost für denjenigen, der darunter leidet. Diese Tatsache spiegelt nicht nur die folgende Erkenntnis Arnold Zweigs, sondern auch, noch dramatischer zugespitzt, ein Brief Franz Kafkas an seine Geliebte Milena. Worte, die Sie selbst verwenden können, um dem/der Geliebten – etwa im Rahmen eines Versöhnungsversuches – Ihre komplexen Empfindungen zu vermitteln:

➔ Man liebt nur, um tiefer verwundbar zu sein. *(Arnold Zweig)*

➔ Liebe ist, dass Du mir das Messer bist, mit dem ich in mir wühle. *(Franz Kafka, Briefe an Milena Jesenská, 14. Sept. 1920)*

Für diejenigen, die nicht selbst an Liebeskummer leiden, kann dieser Zustand andererseits durchaus Anlass zu ironischer Betrachtung sein – vielleicht als wirklich gute Freunde, die sich vermittelnd einschalten, um behutsam die Wogen zu glätten? Dies mündet bei dem französischen Schriftsteller Marcel Pagnol in ein hübsches und geistreiches Wortspiel mit der Empfehlung, solche Seelenpein mit Würde und gleichsam wie ein kostbares Juwel (zur Schau?) zu tragen:

→ Liebeskummer ist wie ein Diamant; / man sollte ihn mit Fassung tragen.

Doch trotz aller Schmerzen und Verwicklungen gibt es einen Trost: Wer nicht mehr an die Liebe glaubt, dem fehlt der dynamischste Motor, der das Leben antreibt:

→ Wer nicht mehr liebt und nicht mehr irrt, / Der lasse sich begraben. *(Johann Wolfgang von Goethe)*

Abschied und Trennung

Sie müssen sich für längere Zeit von Ihrem oder Ihrer Geliebten trennen. Schon Wilhelm Busch bringt dies wieder einmal mit scheinbar banalen Worten auf den Punkt:

→ Und die Liebe per Distanz, / kurz gesagt, missfällt mir ganz.

Natürlich plagt Sie die Sorge, ob Ihre Beziehung die Trennung übersteht. Folgende Zitate mögen Ihre Zweifel zerstreuen und Trost spenden, den Sie mit Ihrem Partner teilen können.

AUS EINER TRENNUNG KANN DURCHAUS EINE STEIGERUNG UND VERTIEFUNG DER LIEBE RESULTIEREN.

→ Trennung lässt matte Leidenschaften verkümmern und starke wachsen,

schreibt François de La Rochefoucauld. Und auch Michel de Montaigne stellte fest, dass eine Trennung die Gefühle steigert:

→ Beim Abschied wird die Zuneigung zu den Dingen, die uns lieb sind, immer ein wenig wärmer.

Eine ähnliche Erkenntnis gewann der österreichische Schriftsteller Heimito von Doderer, für den die Distanz nicht nur die Gefühle für, sondern auch die unverstellte Sicht auf den anderen Menschen fördern kann:

→ Man muss manchmal von einem Menschen fortgehen, um ihn zu finden.

… und noch mehr Zitate

Im Folgenden eine Reihe weiterer Textstellen mit passenden Gedanken zum Thema Liebe, ob als persönlicher Gruß zum Valentinstag oder für eine Glückwunschrede zur Verlobungsfeier.

UNEINGESTANDENE LIEBE

➔ Sie liebten sich beide, doch keiner
Wollt es dem andern gestehn;
Sie sahen sich an so feindlich,
Und wollten vor Liebe vergehn.
(Heinrich Heine, „Buch der Lieder", 1827, Die Heimkehr, 33)

LIEBESKUMMER UND EIFERSUCHT

➔ Es gibt keine Leidenschaft, die nicht eine Qual ist. *(Germaine de Staël)*

➔ Die begründete wie die unbegründete Eifersucht vernichten diejenige Würde, deren die gute Liebe bedarf. *(Gottfried Keller)*

LIEBE MACHT GLÜCKLICH

➔ Im Arm der Liebe ruht sich's wohl. *(Wilhelm Ueltzen, „Das Lied von der Ruhe", 1788)*

➔ Die Freundschaft und die Liebe sind zwei Pflanzen aus einer Wurzel. Die letztere hat nur einige Blumen mehr. *(Friedrich Gottlieb Klopstock)*

➔ Liebe denkt in süßen Tönen, / Denn Gedanken stehn zu fern. / Nur in Tönen mag sie gern / Alles, was sie will, verschönen. *(Ludwig Tieck, „Liebeslust")*

➔ Ich hab dich geliebet und liebe dich noch! / Und fiele die Welt zusammen, / Aus ihren Trümmern stiegen doch / Hervor meiner Liebe Flammen. *(Heinrich Heine, „Buch der Lieder", 1827, Lyrisches Intermezzo)*

LIEBE IST …

➔ … kein Solo, Liebe ist ein Duett. Schwindet sie bei einem, verstummt das Lied. *(Adelbert von Chamisso)*

➔ … die Schöpferin und Meisterin aller Dinge und Gottes älteste Gesellin. *(Ernst Moritz Arndt)*

➔ … die Synthesis zwischen Phantasie und Vernunft. *(Friedrich Schleiermacher)*

➔ … der einzige Weg, auf dem selbst die Dummen zu einer gewissen Größe gelangen. *(Honoré de Balzac)*

➔ Liebe mag für primitive Naturen ein körperliches Bedürfnis darstellen. Geistigen Menschen bedeutet sie das fesselndste Erlebnis der ganzen Schöpfung. *(Honoré de Balzac)*

➔ Liebe, die von Herzen liebt, / Ist am reichsten, wenn sie gibt; / Liebe, die von Opfern spricht, / Ist die rechte Liebe nicht. *(Emanuel Geibel, „Gedichte")*

➔ Allmächt'ge Liebe! Göttliche! Wohl nennt man dich mit Recht die Königin der Seelen. *(Friedrich von Schiller)*

➔ Auch das ist eine wichtige Seite der Liebe, dass der Liebende durch die Liebende eine Versicherung des persönlichen Wertes erhält, dass er sich sagen darf: „Ich bin zu etwas da, ich bin kein leeres Nichts." *(Christian Friedrich Hebbel)*

KEIN STEINERN BOLLWERK …

➔ Die Liebe hat nicht nur Rechte, sie hat auch immer Recht. *(Marie von Ebner-Eschenbach, „Aphorismen")*

ABSCHIED UND TRENNUNG

➔ Lieben ist ein süßes Leiden, / Wenn's nicht bitter wird durch Scheiden. / Bittres will ich dennoch leiden, / Dass ich Süßes darf nicht meiden. *(Friedrich von Logau, „Bittre Liebe")*

➔ Wie hab ich das gefühlt, was Abschied heißt. / Wie weiß ich's noch: ein dunkles unverwundnes / grausames Etwas, das ein Schönverbundnes / noch einmal zeigt und hinhält und zerreißt. *(Rainer Maria Rilke, „Abschied")*

➔ Vergiss mein nicht, du treues Herz, / Bleib treu mir in der Ferne, / Ohn' dich ist alle Freude Schmerz, / Ohn' dich sind dunkel die Sterne. *(Clemens Brentano, „Scheidelied")*

Hochzeit

Hochzeiten gehören zu den großen klassischen Familienfesten. Und wer heiratet, tut es meist in der festen Überzeugung von der Einmaligkeit des Ereignisses. Das schlägt sich natürlich auch in den Reden nieder.

Als Rahmen ist heute nahezu alles möglich, von der traditionellen Feier in Brautkleid und Cut über die einfache standesamtliche Trauung in Kostüm und Anzug bis zur entspannten Party nach besonderen Vorlieben des Brautpaars. Eines aber ist vielen Hochzeiten gemeinsam: eine bunt gemischte Gästeschar. Da treffen vielleicht zwei ganz verschiedene Verwandtschafts- und Freundeskreise zusammen und das ist wichtig für die Auswahl der Zitate: Sie sollten im Idealfall bei Großonkel Xaver aus dem Tölzer Oberland ebenso gut ankommen wie bei Svenja, der Werbegrafikerin aus Hamburg und besten Freundin der Braut.

Daher empfiehlt sich ein Verzicht auf Bildungshuberei, andererseits sollte man nicht nur flotte Sprüche aus der Pop- und Modewelt auf den Lippen haben. In jedem Fall ist eine Hochzeit ein fröhlicher, in die Zukunft weisender Anlass und kein Platz für trübe Sprüche!

In diesem Sinne können Sie die Festgesellschaft zu Beginn Ihrer Rede mit Schiller einstimmen:

➔ Ein ernster Gast stimmt nicht zum Hochzeitshaus. *(Friedrich von Schiller, „Wilhelm Tell“, 1804)*

Einen guten Einstieg in eine Hochzeitsrede bietet das persönliche Verhältnis des Redners zum Hochzeitspaar. Wo hat er beide kennen gelernt? Ist er/sie Bruder des Bräutigams oder die beste Freundin der Braut? Thematisieren Sie in diesem Fall zum Beispiel die Annehmlichkeiten einer guten Freundschaft:

→ Ein Leben ohne Freunde ist eine weite Reise ohne Gasthäuser. *(Demokrit)*

Vielleicht ergab sich auch eine witzige Situation, die einen der Partner treffend charakterisiert und die sich in Anekdotenform erzählen lässt?

Was ist die Ehe?

Eine Frage, die in den meisten Hochzeitsreden auftaucht. Die Zeit wird sie dem Hochzeitspaar schon beantworten, dabei kann hier allerdings manch einer aus langjähriger Erfahrung sprechen und dem Brautpaar wichtige Erfahrungen mit auf den Weg geben. Vielleicht lassen Sie sich auch von Beruf und persönlichen Interessen des Brautpaars inspirieren und erteilen – etwa im Falle eines kinobegeisterten Paares – dem „Stadtneurotiker" Woody Allen oder dem Regisseur Alfred Hitchcock das Wort:

→ Ehe ist der Versuch, zu zweit mit Problemen fertig zu werden, die man alleine nie gehabt hätte. *(Woody Allen)*

Ein negatives Szenario? Nur auf den ersten Blick! Die Ehe mag Probleme aufwerfen, aber sind Auseinandersetzungen mit einem geliebten Menschen nicht immer noch sehr viel bereichernder als die Einsamkeit? Deren „Problemlosigkeit" bedeutet Eintönigkeit, während man in einer partnerschaftlichen Auseinandersetzung wachsen und im Idealfall sogar Glück erfahren kann, indem man Lösungen sucht und findet.

BIBLISCHE WORTE

Ob Sie im Anschluss an die Hochzeitspredigt des Pfarrers noch einmal die Bibel bemühen möchten, bleibt Ihnen und der Situation überlassen. Vielleicht bietet sich dies – etwa bei religiös ausgerichteten Paaren – an, allerdings sei hier vor allzu salbungsvollen Auftritten gewarnt. Gegebenenfalls lässt sich ein Bibelzitat natürlich auch humorvoll einsetzen. Ist beispielsweise die Braut schwanger, so hat man mit einem bekannten Bibelwort, augenzwinkernd vorgetragen, schnell die Lacher auf seiner Seite:

→ Und Gott segnete sie und sprach zu ihnen: Seid fruchtbar und mehret euch! *(1. Mose 1, 28)*

Eine zentrale Rolle bei der „Problemlösung“ besteht darin, den Partner auch einmal in seiner Andersartigkeit zu akzeptieren, ja ihm zu verzeihen oder ihn zu „begnadigen“:

➔ Heirat ist die einzige lebenslange Verurteilung, bei der man wegen schlechter Führung begnadigt werden kann. *(Alfred Hitchcock)*

Verbinden Sie letzteres Zitat am besten mit dem Hinweis, dass der geniale Regisseur trotz – oder vielleicht gerade wegen – seiner Äußerung mit seiner Gattin Alma eine recht glückliche Ehe geführt haben soll.

ZUM THEMA GESCHENKE

Haben Sie ein besonders schönes, persönliches Geschenk für das Hochzeitspaar, so bietet es sich an, auch das Schenken zu thematisieren. Ein Gegenstand charakterisiert vielleicht recht treffend die Beschenkten oder verdeutlicht Ihre eigene Beziehung zu beiden. Auf keinen Fall jedoch sollten Sie sich dem Verdacht der Selbstbespiegelung aussetzen, was Sie selbstironisch durch einen Ausspruch des französischen Schriftstellers Émile Henriot zum Ausdruck bringen könnten:

➔ Geschenke sind wie Ratschläge: Vergnügen bereiten sie vor allem dem, der sie gibt.

Vielleicht haben Sie in der Fülle des überreichen Gabentisches mit einem Blick erkannt, dass dort gleich dreimal eine italienische Hightech-Espressomaschine blinkt – ein Herzenswunsch der Braut, wie offensichtlich viele wussten! Lassen Sie dann einfach den britischen Schauspieler Peter Sellers zu Wort kommen, dem diese Situation ebenfalls bekannt vorkam:

➔ Wer nicht glaubt, dass mehrere Menschen genau denselben Gedanken haben können, der hat noch keinen Tisch mit Hochzeitsgeschenken gesehen.

Ausgehend davon, können Sie dem Ganzen dann augenzwinkernd eine positive Wendung geben, und zwar mit dem Hinweis, dass diese Tatsache zumindest dafür spricht, dass diese Geschenkidee offensichtlich kein Zufallstreffer ist.

Woody Allen und Hitchcock sprechen an, dass die Ehe keinen unveränderlichen Zustand, sondern eine sich entwickelnde Beziehung darstellt – ein Gedanke, den auch Theodor Körner aufgreift. Dabei deutet er auch den Zauber der Ehe an:

➔ Die gute Ehe ist ein ewger Brautstand. *(Theodor Körner, „Die Sühne", 1812)*

Eine schöne Definition und gleichzeitig ein gutes altes Rezept für eine liebevolle und lebendige Verbindung, ein Rezept, das auch heute noch gültig ist. Denn es kann ja nur bedeuten, dass Mann und Frau auch nach langen Ehejahren nicht in ihren Bemühungen um den Partner nachlassen und ihn immer noch aufmerksam umwerben. In diesem Sinne ließ sich auch der große französische Charakterdarsteller Jean Gabin vernehmen:

➔ Die Ehe ist kein Fertighaus, sondern ein Gebäude, an dem ständig konstruiert und repariert werden muss.

Die Botschaft liegt auf der Hand: Eine Ehe bedarf, wie ein Haus, sorgsamer Pflege. Tropft es einmal durchs Dach, kümmert sich ein guter Hausbesitzer sogleich darum, dass man schnell wieder im Trockenen sitzt.

Bunt ist das Eheleben!

Eine gut aufgebaute Hochzeitsrede greift anschließend die wichtigsten Themen auf, die den gemeinsamen Lebensweg des Paares bestimmen werden: Hierzu gehören Glück und Freude, aber auch die Schattenseiten des Zusammenlebens sowie die Gefahren, denen eine Partnerschaft immer wieder ausgesetzt ist. Treue und Vertrauen als Grundlagen einer guten Ehe dürfen zur Sprache kommen und gegebenenfalls das Thema Nachwuchs.

Eine Hochzeitsrede thematisiert nicht zuletzt die Vielfalt des partnerschaftlichen Zusammenlebens.

Treue zum Beispiel, später Konfliktstoff in so mancher Ehe, ist für das Brautpaar zum augenblicklichen Zeitpunkt noch kein Thema, schließlich sind beide im Idealfall jung verliebt und hegen höchst idealistische Vorstellungen. Wie schon der französische Schriftsteller Stendhal 1822 in seinem Traktat „Über die Liebe" zu Recht feststellte:

➔ Wenn man liebt, schmeckt einem kein anderes Wasser als das der geliebten Quelle: Treue ist also eine ganz natürliche Sache.

In einer Ehe ohne Liebe wird das Wasser dieser Quelle längstens in zwei Jahren bitter.
In das Lob der Treue, die auf wahrer Liebe gründet und auf Freiwilligkeit beruht, stimmen denn auch Schriftsteller aller Epochen ein, darunter auch das große Dichterpaar der Weimarer Klassik:

VERTRAUEN UND TREUE BILDEN EINE ENTSCHEIDENDE GRUNDLAGE EINER GLÜCKLICHEN EHE.

➔ Beglückt, wer Treue rein im Busen trägt, / kein Opfer wird ihn je gereuen! *(Johann Wolfgang von Goethe, „Faust" I, 1808)*

➔ Und die Treue ist doch kein leerer Wahn. *(Friedrich von Schiller, „Die Bürgschaft", 1799)*

Voraussetzung und Folge der Treue ist Vertrauen, das sich beide Partner durch entsprechendes Verhalten erwerben müssen, sofern sie bereit sind, ein gewisses Risiko einzugehen. Man muss sich das Vertrauen des Partners geduldig und langsam erarbeiten, es kann aber auch durch unbedachtes Handeln leicht zerstört werden:

➔ Vertrauen ist eine Blume, die man zart behandeln muss. *(Ruth Schaumann)*

Wer aber Vertrauen schenkt – einen Vertrauensvorschuss gewährt –, geht das Risiko ein, dass er enttäuscht wird, so wie ein Kaufmann, der für seine Ware einen Scheck akzeptiert, der sich später als ungedeckt erweist:

➔ Vertrauen ist immer ein ungedeckter Scheck. *(Peter Tille)*

Vertrauen ist nicht zu verwechseln mit übertriebener Vertraulichkeit, wie schon der Staatsmann und Gelehrte Wilhelm von Humboldt im 19. Jahrhundert zu unterscheiden wusste. Ein erstaunlich modern wirkender Gedanke, den auch die italienische Filmdiva Claudia Cardinale aufgreift, wenngleich in eher humorvoller Form. Schließlich beruht der Zauber einer lebendigen Beziehung nicht zuletzt auf der Tatsache, dass man nicht alles voneinander weiß und dem Partner seine kleinen Geheimnisse lässt:

➔ Die Ehe funktioniert am besten, wenn beide Partner ein bisschen unverheiratet bleiben. *(Claudia Cardinale)*

➔ Freundschaft und Liebe bedürfen des Vertrauens, des tiefsten und eigentlichsten, aber bei großartigen Seelen nie der Ver-

MIT HUMOR

Gerade in einer Hochzeitsrede kann die eine oder andere Neckerei nicht schaden, indem man etwa menschliche Schwächen des Ehelebens auf witzige Weise aufspießt oder sich über die Ehe ein bisschen lustig macht. Man stellt sie ja damit noch nicht in Frage – ganz im Gegenteil! So nahm der amerikanische Satiriker Mark Twain den „treuen" Ehemann aufs Korn:

➔ Es stimmt nicht, dass Ehemänner vergessen, dass sie verheiratet sind, wenn sie ein besonders schönes Mädchen sehen. Im Gegenteil, gerade dann werden sie besonders schmerzlich daran erinnert.

Auch Curt Goetz liefert Humorvoll-Desillusionierendes zum Thema Ehe – mit Augenzwinkern sowie einer gehörigen Portion Selbstironie. Und so sollten Sie es auch vorbringen:

➔ Kann man Vertrauen zu einer Frau haben, die einen selber zum Mann nimmt?

Benutzen Sie scherzhafte Anspielungen generell mit Fingerspitzengefühl und achten Sie darauf, dass sich dabei keiner verletzt fühlen kann.

Heiterkeitserfolge garantiert auch das Reizthema „Schwiegermutter" – doch sollte sich der Sarkasmus auch hier stets im Rahmen halten, wie in diesem mexikanischen Sprichwort, aus dem gelassen die Stimme der Erfahrung spricht:

➔ Zum Heiraten gehören immer zwei: ein Mädchen und seine Mutter.

traulichkeiten. *(Wilhelm von Humboldt)*

Und natürlich kann eine – vielleicht humorvolle – Anspielung auf geplanten Nachwuchs in einer Hochzeitsrede ebenfalls ihren Platz finden – sofern man sich wirklich sicher sein kann, dass sich das Hochzeitspaar Kinder wünscht. Wie wär's mit diesem Vierzeiler von Otto Julius Bierbaum:

➔ Kinderzeugen dahingegen / Macht Vergnügen und bringt Segen, / Wenn's geschieht im Ehebett / Standesamtlich und honett. *(Otto Julius Bierbaum, „Traurig dreh ich meine Walze")*

DER ZWEITE VERSUCH

Ist einer der beiden Partner bereits geschieden und wagt mit dieser Hochzeit seinen zweiten Versuch, können Sie auch diese Tatsache thematisieren. Schließlich ist sie eigentlich das beste Argument für die Ehe selbst, denn wie der englische Schriftsteller Samuel Johnson feststellt:
➔ Die zweite Ehe ist der Triumph der Hoffnung über die Erfahrung.

Zusammenleben ist nicht einfach!

➔ Ehe – ein Bankett, das mit dem Dessert beginnt. *(Tristan Bernard)*

Zu Beginn einer Ehe denkt das Brautpaar in der Regel noch nicht an Schwierigkeiten, die in einer Partnerschaft auftauchen können und dann zu überwinden sind, aber auf das süße Dessert können durchaus schwere Gänge folgen. Die Schwierigkeit eines harmonischen Zusammenlebens zweier unterschiedlicher Individuen bildet eine nahezu unerschöpfliche Themenpalette, der jeder Redner persönliche Aspekte abgewinnen kann. Sie findet auch in der Hochzeitsrede ihre Berechtigung, sofern man humorvoll und versöhnlich vorgeht. Malen Sie hier also kein düsteres Bild der Ehe, sondern suchen Sie gekonnt eine positive Wendung mit dem Tenor: Zusammenleben ist nicht einfach, doch es lohnt sich auf alle Fälle! Lassen Sie sich auch hier thematisch von den Vorlieben des Brautpaars leiten.

➔ Ebenso abgeschmackt, wie eine Laute tönt, wenn die Saiten nicht zusammenstimmen, lautet es bei Eheleuten, wenn die Sitten nicht zusammenstimmen. *(Abraham a Sancta Clara)*

Um eine glückliche Partnerschaft zu führen, müssen Partner wie die Töne eines Akkords harmonieren, aber selbst dem besten Lautenisten unterlaufen Fehler! Manches werden die Ehepartner – wie ein guter Musiker – zu bereinigen lernen, andere „Unstimmigkeiten“ sollten vielleicht gar nicht abgestellt werden: Man kann nicht in jedem Punkt übereinstimmen, vielmehr gilt es, sich in seinen unterschiedlichen Interessen zu akzeptieren: Der glühende Fußballfan und die Ballettfreundin müssen ja nicht beständig gemeinsam „konzertieren“, wichtiger ist hier, dass man in grundsätzlichen Fragen harmoniert. Auch der französischen Filmikone Brigitte Bardot darf man aufgrund ihrer zahlreichen mehr oder weniger erfolgreichen Beziehungen mit und ohne Trauschein reichlich Erfahrungen mit dem Thema eheliche Schwierigkeiten zugestehen:

→ Der ideale Ehemann ist ein unbestätigtes Gerücht.

Doch Vorsicht: Anstatt sich nun in trübem Fatalismus zu üben, sollten Sie die Brautleute lieber darauf hinweisen, wie man solche Hürden erfolgreich überwindet oder ignoriert. Oder Sie lassen den Gedanken mit den Worten des Humoristen Wilhelm Busch ausklingen, der für seine ironischen Kommentare auf menschliche Schwächen nicht nur Zeichnungen von unnachahmlicher Komik, sondern oft auch treffende Verse von oft geradezu unübertrefflicher Simplizität fand:

→ Ein Irrtum, welcher sehr verbreitet / Und manchen Jüngling irreleitet, / Ist der, dass Liebe eine Sache, / Die immer viel Vergnügen mache.

Wie man glücklich lebt

Allenthalben finden sich Lebensweisheiten zur Lösung des „Kampfes der Geschlechter“, die aber nicht immer allzu ernst gemeint sind, und ganz offensichtlich lässt sich hier kein Patentrezept finden. Auf Humor zu setzen, ist dabei nicht die schlechteste Empfehlung:

→ Wer keinen Humor hat, sollte nicht heiraten. *(Eduard Mörike)*

Und wenn die Partner folgendes jamaikanische Sprichwort beherzigen, kann eigentlich nichts schief gehen:

→ Bevor du heiratest, halte beide Augen offen, doch hinterher drücke eines zu.

Wenn beide Eheleute immer wieder einmal ein Auge zudrücken und auch über Schwächen des anderen hinwegsehen, nicht immer auf ihrer eigenen Position beharren und sich gegenseitig respektieren, dann sind das ganz entscheidende Voraussetzungen, Schwierigkeiten in einer Partnerschaft gleich aus dem Weg zu gehen oder sie zu überwinden.

... und noch mehr Zitate

Die folgenden Textstellen bieten Ihnen Stoff, um bei Bedarf die Argumentation mit weiteren Beispielen zu vertiefen. Aber vielleicht benötigen Sie ja auch nur den passenden Vers für eine Glückwunschkarte oder E-Mail?

WAS IST DIE EHE?

→ Die Ehe ist und bleibt die wichtigste Entdeckungsreise, die der Mensch unternehmen kann. *(Sören Kierkegaard)*

→ Soweit die Erde Himmel sein kann, soweit ist sie es in einer glücklichen Ehe. *(Marie von Ebner-Eschenbach, „Aphorismen“)*

→ Die Liebe, wenn sie neu, braust wie ein junger Wein; / Je mehr sie alt und klar, je stiller wird sie sein. *(Angelus Silesius, „Cherubinischer Wandersmann“, 1675)*

→ Was man eine glückliche Ehe nennt, verhält sich zur Liebe wie ein korrektes Gedicht zu improvisiertem Gesang. *(Friedrich Schlegel, „Athenäum“-Fragmente, Nr. 268)*

BUNT IST DAS EHELEBEN

→ Nichts ist Süßers als zwei Treue, / Wenn sie eins geworden sind. *(Paul Fleming, „Ein getreues Herze wissen“, 17. Jahrhundert)*

→ Der Mann ist lyrisch, die Frau episch, die Ehe dramatisch. *(Novalis)*

→ Junge Leute möchten treu sein und sind es nicht, alte möchten untreu sein und können es nicht. *(Oscar Wilde, „Aphorismen“)*

→ Wenn Treue nicht ein Gegengeschenk ist, dann ist sie die törichteste aller Verschwendungen. *(Arthur Schnitzler)*

→ Die Ehe ist ein Hafen im Sturm, öfters aber ein Sturm im Hafen. *(Deutsches Sprichwort)*

→ Die Liebe, welch lieblicher Dunst; / doch in der Ehe, da steckt die Kunst. *(Theodor Storm)*

MIT HUMOR UND AUGENZWINKERN

Die folgende Kategorie ist natürlich eher augenzwinkernd gemeint und nicht bierernst zu nehmen, schließlich wollen Sie ja nicht als Spielverderber dastehen. Nehmen Sie eines der Zitate einfach als These, die es in Ihrer Rede zu widerlegen, sprich ins Positive zu wenden gilt.

➔ Ehen werden im Himmel geschlossen, aber dass sie gut geraten, darauf wird noch nicht gesehen. *(Marie von Ebner-Eschenbach, „Aphorismen“)*

➔ Ehen werden im Himmel geschlossen, darum erfordert dieser Stand eine so überirdische Geduld. *(Johann Nestroy, „Einen Jux will er sich machen“, 1841)*

➔ Männer heiraten, weil sie müde, Frauen, weil sie neugierig sind; beide werden enttäuscht. *(Oscar Wilde, „Aphorismen“)*

➔ Natürlich ist das Eheleben nur eine Gewohnheit; eine schlechte Gewohnheit. *(Oscar Wilde, „Aphorismen“)*

➔ Die Ehe ist ein Versuch, zu zweit wenigstens halb so glücklich zu werden, wie man allein gewesen ist. *(Oscar Wilde)*

➔ Die Ehe ist gegenseitige Freiheitsberaubung in beiderseitigem Einvernehmen. *(Oscar Wilde)*

➔ Auch mit Trauschein kann man eine wilde Ehe führen. *(Anonym)*

ZUSAMMENLEBEN IST NICHT EINFACH …

➔ Die Ehe ist ein Zustand, in dem es zwei Menschen weder mit noch ohne einander aushalten. *(Marie von Ebner-Eschenbach)*

➔ Ich merke wohl, im Ehestand muss man sich manchmal streiten, denn dadurch erfährt man was voneinander. *(Johann Wolfgang von Goethe, „Die Wahlverwandtschaften“, 1809, I, Kap. 2)*

… ABER ES GEHT!

➔ Die Ehe ist nie ein Letztes, sondern Gelegenheit zum Reifwerden. *(Johann Wolfgang von Goethe)*

➔ Wenn Heiraten Frieden stiften können, so sollte man den Großen die Vielweiberei erlauben. *(Georg, Christoph Lichtenberg, „Aphorismen“)*

➔ Eine Ehe ist ein politisches Epigramm. *(Novalis)*

Muttertag

Den Muttertag im Mai umweht stets ein Hauch leicht verschämter Feierlichkeit, durchdrungen vom Duft des Flieders aus einer Vase, die den (ausnahmsweise) von den Sprösslingen gedeckten Mittagstisch ziert.

Denn das ist der Sinn dieses Gedenktages: Die Geplagte wird von ihrer täglichen Fron entlastet und zugleich erinnert man sich dankbar ihrer mannigfachen Verdienste. Jenseits aller Kommerzialisierung, die der Muttertag wie viele andere Feiertage inzwischen erfahren hat, werden demgemäß folgende Gedanken einer Rede zugrunde liegen: Lob der Mutter, Leid und Glück der Mutterschaft, die Unendlichkeit der Mutterliebe und eventuell deren Beziehung zum gesamten Dasein des Menschen und zum Weltganzen. Wem dies zu erhaben dünkt, der würze seine Ausführungen – aber nur sehr zärtlich spottend! – mit einigen (nicht ganz ernst gemeinten) Sarkasmen.

Lob der Mutter

Das dankbare Lob der Mutter sollte gleich am Anfang einer Rede stehen und sie später wie ein roter Faden durchziehen. Es ist zudem sicherlich der persönlichste Teil: Hier kommen die Vorzüge der betreffenden Mutter zur Sprache und nicht zuletzt Erlebnisse, die sie mit ihren Kindern teilte. Dies alles lässt sich jedoch problemlos mit allgemeinen Würdigungen der Mutterrolle verknüpfen, wie man es beispielsweise bei dem Dichter Friedrich Hebbel findet:

➔ Mutterliebe, man nennt dich des Lebens Höchste! / so wird denn jedem, / wie schnell er auch stirbt, dennoch sein Höchstes zuteil!

Mag man es weniger dramatisch als der Bühnenautor, so

kann man trotzdem in seiner Laudatio zu dem Schluss kommen:

➔ Wenn du noch eine Mutter hast, / So danke Gott und sei zufrieden. *(Friedrich Wilhelm Kaulisch, „Mutterliebe")*

Und bei einer etwas längeren Ansprache eignet sich das Zitat bestens als kleine Zwischenbilanz vor den nachfolgenden Themen!

Zauber der Mutterschaft

Jede Mutter wird gerne nicht nur an die Meriten, sondern auch an die Freuden und den Mythos der Mutterschaft erinnert, wie sie sogar eine ausgesprochene Vorreiterin der Frauenemanzipation empfand:

➔ In jeder jungen Mutter steckt eine Kuriosität, die einen in Erstaunen versetzen kann. Es ist etwas Merkwürdiges und Wunderbares, wie ein Lebewesen in einem selbst geformt und geboren wird. *(Simone de Beauvoir)*

Und selbst ein bärbeißiger, skurriler Romancier der Goethezeit zeigte sich davon beeindruckt:

➔ In der Natur ist keine Freude so erhaben rührend wie die Freude einer Mutter über das Glück eines Kindes. *(Jean Paul)*

Mutter und Kind

Die Beziehung einer Mutter zu ihren Kindern ist sehr innig und komplex – eine Erkenntnis, die allen Zeiten und Kulturkreisen gemein ist:

➔ Eine Mutter versteht auch, was ein Kind nicht ausspricht. *(Jüdisches Sprichwort)*

Und in die Intuition, mit der eine Mutter ihre Nachkommenschaft umhegt, mischt sich natürlich nicht zuletzt der Stolz:

➔ Die Mutter, die ihr Kind betrachtet, ist frohgemut, weil sie das Bewusstsein hat, es geschaffen zu haben, körperlich und geistig. *(Henri Bergson)*

Kind und Mutter

Nachdem Sie den vorhergehenden Aspekt ausgeführt haben, wieder mit ganz persönlichen Impressionen garniert (sie dürfen auch das Wesentliche bilden!), können Sie nun die umgekehrte Perspektive weiterentwickeln: das Verhältnis eines Kindes zur Mutter.

Mag auch beider Umgang bisweilen von Misshelligkeiten getrübt sein, er wird letztlich immer geprägt sein von der harmonischen Stimme des Herzens, woraus Folgendes erwächst:

Vom ehrfürchtigen Lob der Mutterschaft bis zur Neckerei – eine Muttertagsrede kann eine breite Palette von Gedanken umfassen.

→ Der Himmel ist zu Füßen der Mutter. *(Persisches Sprichwort)*
In gewisser Weise gilt diese Weisheit nicht nur für ein Alter, in dem man noch am Rockzipfel der Mutter hängt – auf jeden Fall bleibt, auch nach Auffassung eines großen Staatsmannes und glorreichen Kriegshelden, der mütterliche Einfluss ein Leben lang erhalten:

→ Das zukünftige Geschick des Kindes ist immer das Werk der Mutter. *(Napoleon Bonaparte)*
Hierin weiß der Korse sich einig mit einem vergleichsweise biederen deutschen Schriftsteller des 19. Jahrhunderts:

→ Was man von der Mutter hat, sitzt fest und lässt sich nicht ausreden. *(Wilhelm Raabe)*
Was nicht heißt, dass gerade dem Erwachsenen dieses Phänomen immer bewusst wäre – eine Erinnerungslücke, die Mascha Kaléko, eine Dichterin der 1920er-Jahre, in melancholischen Versen thematisiert:

→ ***Alle Mütter …*** / Alle Mütter waren einmal klein. / Kinder können das oft gar nicht fassen./ Wenn die Kinderschuhe nicht mehr passen, / Fällt es ihnen wohl zuweilen ein. / Große Kinder suchen fremde Gassen, / Mütter bleiben später oft allein.// Alle Kinder werden einmal groß./ Mütter können das oft nicht begreifen. / Kleines Mädchen mit den bunten Schleifen, / Spieltest gestern noch auf ihrem Schoß; / Kleiner Sohn, mußt du die Welt durchstreifen?/ Mütter haben oft das gleiche Los. // Alle Stuben werden einmal leer. / Kahl der Tisch, verwaist und stumm der Garten. / Diele knarrt. Und Mütter schweigen, warten … / Manchmal kommt ein Brief von weitem her. / Stern verlischt. Und all die wohlverwahrten / Tränen tropfen ungeweint ins Meer.

Zum Abschluss

Steht etwas in so hohem Ansehen wie die Mutterschaft, ruft dies unweigerlich auch Gegenstimmen hervor – von sanftem Spott bis zu unverhohlenem Zynismus. Wenn Sie solche Aussprüche in Ihre Rede einbauen, dann lassen Sie Vorsicht walten, sonst gibt es ausgerechnet am Muttertag eine betretene Miene bei der Geehrten! Aber man darf natürlich kleine Schwächen aufspießen – was sich liebt, das neckt sich! – oder das eine oder

MUTTERLIEBE ALS SYMBOL

Die Mutter, die ihr Kind umsorgt und umhegt, galt zu allen Zeiten fast als heilig, als Symbol einer intakten Weltordnung, und es macht sich bestimmt gut, hier entsprechende Zitate einfließen zu lassen. So hat ein spanischer Zeitgenosse Mascha Kalékos das Umfassende und Unendliche der Mutterliebe ins allgemein Philosophische gewandt:

➔ Die Mutter ist das Bild der irdischen Unendlichkeit – an ihrem Glück wie an ihrem Schmerz ziehen die Jahrtausende spurlos vorüber. *(José Ortega y Gasset)*

Es wäre ein Wunder, wenn eine ähnliche Einsicht zur Bedeutung der Mutterschaft nicht auch dem Volk der Dichter und Denker gekommen wäre, wie der folgende Ausspruch einer Schriftstellerin aus derselben Zeit beweist:

➔ Die Hand, die die Wiege bewegt, bewegt die Welt. *(Gertrud von Le Fort)*

andere Problem humorvoll ansprechen. Bedienen Sie sich doch in diesem Zusammenhang folgender Worte Mark Twains:

➔ Meine Mutter hatte einen Haufen Ärger mit mir, aber ich glaube, sie hat es genossen.

Mit einem Philosophen und Schriftsteller lässt sich dann der Bogen zurück zur Laudatio des Mütterlichen schließen, verbinden könnten Sie das zudem mit der Einsicht, dass die männliche Perspektive notgedrungen begrenzt bleibt:

➔ Das Mütterliche verehrt mir. Der Vater ist immer nur ein Zufall. *(Friedrich Nietzsche)*

➔ Was der Mutter ans Herz geht, das geht dem Vater nur an die Knie. *(Deutsches Sprichwort)*

Ob diese Weisheit sich aus der Erfahrung speist, dass Väter ihre Bälger des Öfteren über das Knie legen müssen, sei dahingestellt! Und ob Sie nun Ausflüge in den Sarkasmus riskiert haben oder nicht – ein wundervolles Schlusswort bilden allemal zwei Verse aus einem der berühmtesten Hausbücher der deutschen Romantik:

➔ O, wie bedaur' ich doch den Mann, / Der Mutterglück nicht fühlen kann. *(Adelbert von Chamisso, „Frauenliebe und -leben")*

… und noch mehr Zitate

Mutterliebe, Muttersorge … Das Spektrum dieses Themas ist so breit, dass Sie es durchaus mit weiteren Zitaten aufwerten und vertiefen können. Im Folgenden noch eine kleine Auswahl:

LOB DER MUTTER

➔ Des Vaters Segen baut des Haus,
der Mutter Sorge füllt es aus,
Wie, Kinder, ihr die Eltern ehrt,
so wird auch euch das Los beschert.
(Deutsches Sprichwort)

➔ Eine Mutter – auch wenn sie schon ganz schwach und hilflos ist – hat immer noch die Kraft, ihres Kindes Glück zu schaffen. *(Theodor Herzl)*

➔ Es gibt nur eine ganz selbstlose, ganz reine, ganz göttliche Liebe – das ist die der Mutter für ihr Kind. *(Georg Ebers)*

➔ Das Mutterherz ist der schönste und unverlierbare Platz des Sohnes, selbst wenn er schon graue Haare trägt. Und jeder hat im ganzen Weltall nur ein einziges solches Herz. *(Adalbert Stifter)*

➔ Eine rechte Mutter sein, das ist ein schweres Ding, ist wohl die höchste Aufgabe im Menschenleben. *(Jeremias Gotthelf)*

MUTTER UND KIND

➔ Das Auge der Mutter ergründet das Kind bis in die Tiefen des Herzens. *(Johann Heinrich Pestalozzi)*

➔ Gott hat den Kindern keine Magd, sondern eine Mutter gegeben. *(Adolf Kolping)*

➔ Es eifert jede Mutter um ihr Kind; / Dem Sohn der Fremden kann sie schwer vergeben. *(Friedrich von Schiller, „Phädra“, 1804/05)*

➔ Die Mutter ist ein Glück für jeden in seiner Not. Wer eine Mutter hat, der hat eine Beschützerin, und ohne Beschützerin ist, wer sie nicht hat. *(Mahabharata)*

➔ Keine Weisheit, die auf Erden gelehrt werden kann, kann uns das geben, was ein Wort und ein Blick der Mutter uns gibt. *(Wilhelm Raabe)*

MUTTERLIEBE ALS SYMBOL

➔ Die Mutter ist der Genius des Kindes. *(Georg Wilhelm Friedrich Hegel)*

➔ Die Liebe der Mutter zu ihren Kindern ist eine Brücke zu allem Guten: im Leben und in der Ewigkeit. *(Türkisches Sprichwort)*

➔ Die Stellung der Mutter ist die höchste in der Welt, denn als Mutter lernt und übt man die größte Selbstlosigkeit. Nur die Liebe Gottes ist noch größer als die Liebe einer Mutter. *(Swami Vivekananda)*

➔ Eine Mutter ist eine Frau, deren Liebe der Himmel gesegnet hat. *(Émile Zola)*

➔ Jeder Fluss strömt zu seiner Mutter. *(Jamaikanisches Sprichwort)*

➔ Mutterliebe, man nennt dich des Lebens Höchste! So wird denn jedem, wie schnell er auch stirbt, dennoch sein Höchstes zuteil! *(Christian Friedrich Hebbel)*

GEGEN DEN STRICH

➔ Mütterlichkeit ist göttlich erhaben im Leiden, rührend in ihrem Entzücken, langweilig in beschaulichem Glück. *(Carmen Sylva)*

MUTTERHÄNDE

Bei allen Verdiensten der Mutter spielen sie neben dem Herzen eine Hauptrolle, ob poetisch gehoben formuliert oder in bestem Berlinerisch:

➔ Kein Füllhorn, das von allen Schätzen regnet, / ist reicher als die Mutterhand, die segnet. *(Anastasius Grün)*

➔ ***Mutterns Hände*** / Hast uns Stulln jeschnitten und Kaffee / Jekocht un de Töppe rübajeschom – / Und jewischt und jenäht und jemacht / Und jedreht ... alles mit deine Hände. / Hast de Milch zujedeckt, uns Bonbons / Jesteckt uns Zeitungen ausjetragen – / Hast de Hemden jezählt un Kartoffeln / Jeschält ... alles mit deine Hände. / Hast uns manches Mal bei jroßem / Schkandalauch'n Katzenkopp jejeben, / Hast uns hochjebracht. Wir wahn Sticker acht, / Sechse noch am Leben; alles mit deine Hände. / Heiß war'n se un kalt. Nun sind se alt. / Nu biste bald am Ende. Da stehn wa nu hier, / Und dann komm wa bei dir und streicheln deine Hände. *(Kurt Tucholsky)*

Geburtstag

Die Feiern zu diesem Tag können so vielfältig sein wie Geburtstagstorten. Darüber hinaus unterscheiden sie sich in der Regel auch nach dem Alter des Geburtstagskinds und der Art der jeweiligen Veranstaltung.

Selbst wenn eine solche Geburtstagsfeier im etwas förmlicheren Rahmen einer betrieblichen Veranstaltung stattfindet, bietet auch sie die Gelegenheit, einmal etwas privater zu werden, den Jubilar eventuell humorvoll aufzuziehen – doch bitte niemals verletzend und immer unter der Prämisse: Wir finden dich sympathisch und freuen uns, dass du unser Kollege bist.

Und das Geburtstagskind darf bei einer solchen Gelegenheit auch einmal selbst das Wort ergreifen, um seiner Freude Ausdruck zu geben – ganz nach der Devise des amerikanischen Aphoristikers Paul F. Wilson:

➔ An seinem Geburtstag hat man zwei Möglichkeiten: jammern und trauern über das Älterwerden oder feiern, was man bisher aus seinem Leben gemacht hat. Wenn es irgendetwas zu feiern gibt, dann den wunderbaren Umstand, dass man lebt.

Allgemeines zum Auftakt

➔ Feiere jeden Geburtstag, als ob es der letzte wäre, und bedenke, dass Liebe das einzige Geschenk ist, das wirklich die Mühe wert ist zu geben.

So die Aufforderung der Schriftstellerin Marie von Ebner-Eschenbach – ein ideales Motto für Geburtstagsreden. Ein entsprechendes Verhältnis zur Hauptperson vorausgesetzt, verleihen Sie Ihrer Ansprache eventuell einen humorvollen Auftakt, indem sie etwa mit dem folgenden Zitat des Journalisten

Gerald Drews die Rolle des Geburtstags bzw. die übersteigerte Eitelkeit vieler Geburtstagkinder ironisch hinterfragen. Das Ganze sollte natürlich keinesfalls beleidigend „herüberkommen“, sondern eher augenzwinkernd ein kollektives Gelächter auslösen:

➔ Manche Menschen sind so eingebildet, dass sie jedes Mal an ihrem Geburtstag ihren Eltern eine Glückwunschkarte schreiben.

➔ Der Geburtstag ist das Echo der Zeit,

erklärt der englische Schriftsteller Evelyn Waugh und formuliert damit eine Erkenntnis, die fast für jeden dieser Anlässe passt. Versuchen Sie anschließend, den aktuellen Geburtstag in den Lauf der Zeit einzuordnen, indem sie auf das vergangene Lebensjahr zu sprechen kommen und aktuelle Pläne des Jubilars für das nächste Jahr erwähnen.

Schlagen Sie nun den Bogen zum Alter des Geburtstagskindes zurück und bedienen Sie sich einer der folgenden allgemeinen Äußerungen, je nach Intention eher ernsthaft oder mit Humor gewürzt:

➔ Nicht die Jahre in unserem Leben zählen, sondern das Leben in unseren Jahren. *(Adlai E. Stevenson)*

➔ Altern heißt, sich über sich selbst klar werden. *(Simone de Beauvoir)*

➔ Bleibe jung – damit du alt werden kannst. *(Ida Ehre)*

➔ Jung ist man, solange man noch imstande ist, den eigenen Geburtstag zu vergessen. *(Ingrid Bergman)*

Älterwerden ist (nicht) schwer

➔ Vom Standpunkt der Jugend aus gesehen, ist das Leben eine unendlich lange Zukunft. Vom Standpunkt des Alters aus eine sehr kurze Vergangenheit,

stellt bereits der Philosoph Arthur Schopenhauer fest und beschreibt damit ein Phänomen, das wir alle kennen und das uns speziell an Geburtstagen oft schmerzlich bewusst wird: Die Lebenszeit ist relativ und wird in den verschiedenen Lebensstadien höchst unterschiedlich empfunden. Wer noch jung ist, meint, unendlich viel Zeit zu haben, während der Ältere – manchmal schmerzvoll – erkennen muss, dass diese sich nicht unendlich dehnen lässt:

FRAUEN UND GEBURTSTAGE

Über das Alter von Damen zu sprechen, gilt nicht von ungefähr als unfein, man sollte in einer Gratulationsrede also vorsichtshalber nicht darauf eingehen. Es sei denn, ein runder Geburtstag ist Anlass dieser Feier oder aber die Jubilarin steht darüber. In letzterem Fall könnten Sie auf das Thema durchaus mit einer humorvollen Äußerung von Curt Goetz anspielen:

➔ Der ideale Gatte vergisst niemals den Geburtstag seiner Frau, wohl aber das Jahr.

Haben Sie (wieder einmal?) den Geburtstag Ihrer Frau vergessen? Dann versuchen Sie doch einfach, sich mit einem Scherz aus der Affäre zu ziehen wie der Kabarettist und Schauspieler Willy Reichert:

➔ Männer, die den Geburtstag ihrer Frau nicht beachten, wollen damit nur ausdrücken, dass sie nicht älter geworden ist ...

Oder Sie entschuldigen sich und weisen mit der gerade zitierten Äußerung von Curt Goetz darauf hin, wie man es richtig macht.

➔ Eins, zwei, drei im Sauseschritt / eilt die Zeit – wir eilen mit. *(Wilhelm Busch)*

Alter und Jugend

➔ Wer lange leben will, muss alt werden,

formuliert eine alte Volksweisheit höchst lapidar eine zweite Erfahrung, die für manchen Betroffenen durchaus bitter sein mag: In unserer Gesellschaft des Jugendlichkeitswahns scheint es alles andere als einfach, in die Jahre zu kommen. Zwar möchte wohl jeder von uns möglichst alt werden, doch niemand wirklich alt sein oder zumindest nicht so aussehen.

Doch was kann man denn nun – fern aller Moden – dem in die Jahre kommenden Geburtstagskind diesbezüglich raten, um seinen Jahren zum Trotz möglichst jung zu bleiben? Halten Sie sich doch einfach an den österreichischen Schauspieler Attila Hörbiger, der gemeinsam mit seiner Schauspielergattin Paula Wessely noch bis ins höchste Alter auf der Theaterbühne stand:

➔ Gewohnheiten machen alt. Jung bleibt man durch die Bereitschaft zum Wechsel.

Franz Kafka wurde zwar selbst nicht alt, doch hat er zu diesem Thema ebenfalls eine versöhnliche Erkenntnis beizutragen:

➔ Jeder, der sich die Fähigkeit erhält, Schönes zu erkennen, wird nie alt werden.

Oder lassen Sie das Künstler-Allroundgenie Picasso zu Wort kommen, bis ins höchste Alter Garant für eine kindlich-verspielte Einstellung und immer neue kreative Höhenflüge – mit einer fast paradox anmutenden Erkenntnis:

➔ Die meisten brauchen sehr lang, um jung zu werden.

Ältersein

Doch warum fällt es uns so schwer, das Alter anzunehmen? Der Aphoristiker Georg Christoph Lichtenberg hat auch hierzu eine einleuchtende Vermutung: Die übertriebene Orientierung an der Jugend ist es, die so manchen – ganz zu Unrecht! – alt aussehen lässt:

➔ Wenn die Erinnerung an die Jugend nicht wäre, so würde man das Alter nicht verspüren, nur dass man das nicht mehr zu tun vermag, was man ehmals vermochte, macht die Krankheit aus. Denn der Alte ist gewiss ein ebenso vollkommenes Geschöpf in seiner Art als der Jüngling.

So mutet auch die ähnliche Erkenntnis des heute fast vergessenen Literaturnobelpreisträgers Paul Heyse durchaus aktuell an:

➔ Das Alter, das man haben möchte, verdirbt das Alter, das man hat.

Wenn es Ihnen zum Anlass und Alter des Jubilars passend erscheint, thematisieren Sie durchaus den Gedanken, dass viele nicht in Würde altern können. Voraussetzung ist hier natürlich, dass das Geburtstagskind selbst nicht zu diesem Personenkreis zählt. Für die Schwägerin aber, die – wie alle wissen – bereits Unsummen in die Schönheitschirurgie investiert hat, verbietet sich das Thema selbstverständlich.

➔ Wer seiner Jugend nachläuft, läuft dem Alter in die Arme, stellt der Volksschauspieler Willy Millowitsch fest. Und der russische Maler Marc Chagall:

➔ Die Leute, die nicht zu altern verstehen, sind die gleichen, die nicht verstanden haben, jung zu sein.

Wissen Sie sich diesbezüglich mit den Anwesenden einig, so bedienen Sie sich doch des folgenden Appells des englischen Erzählers Thomas Hardy, um die Angst vor dem Alter zu entschärfen:

➔ Mit Lust und Lachen lassen wir die Runzeln kommen.

Das Thema Alter – auch wenn's bitterer Ernst ist, so nehmen Sie's am besten mit Humor!

Nach diesen bisher eher ernsthaften Gedanken können Sie Ihre Argumentation natürlich auch mit einem Augenzwinkern etwas gegen den Strich bürsten:

➔ Je älter man wird, desto mehr ähnelt die Geburtstagstorte einem Fackelzug,

bemerkte recht sarkastisch die amerikanische Schauspielerin Katharine Hepburn.

Oder Sie stellen die Annahme einer abgeklärten, ja weisen Gesinnung im Alter mit den Worten Johann Gottfried Seumes humorvoll in Frage:

➔ Jede Periode des Lebens hat ihre Leidenschaften. Das Alter, das man für die weiseste halten sollte, hat gewöhnlich die schmutzigsten.

Vorzüge des Alters

Abschließend können Sie auf die Vorzüge des Alters eingehen, Arthur Schopenhauer resümiert sie eher humorvoll:

➔ Das Alter hat die Heiterkeit dessen, der seine Fesseln los ist und sich nun frei bewegt.

Während der Staatsmann und Gelehrte Wilhelm von Humboldt die Altersmilde lobt, die das Leben allgemein erleichtere:

➔ Es ist sichtbar ein Vorzug des Alters, den Dingen der Welt ihre materielle Schärfe und Schwere zu nehmen und sie mehr in das innere Licht der Gedanken zu stellen, wo man sie in größerer, immer beruhigender Allgemeinheit übersieht.

Und in einem Brief von 1824 findet er – damals mit 57 Jahren nach allgemeiner Vorstellung bereits ein „gesetzter" Herr – all seine Hoffnungen auf die Vorzüge des Alters von der Realität sogar noch übertroffen:

➔ Ich hatte mir das Alter immer reizend und viel reizender als die früheren Lebensepochen gedacht, und nun, da ich dahin gelangt bin, finde ich meine Erwartungen fast übertroffen.

Beenden könnten Sie Ihre Aufzählung mit einer witzigen

MIT EINEM AUGENZWINKERN

Auch die Schattenseiten des Alters kann man natürlich am besten mit Humor quittieren. Dies nicht zuletzt als Tipp für eine(n) Jubilar(in) im „gesegneten Alter", der/die die folgenden Argumente eventuell in einer selbstironischen Entgegnungsrede verwenden möchte.

➔ Je älter man wird, desto mehr ähnelt die Geburtstagstorte einem Fackelzug. *(Katharine Hepburn)*

Jean Cocteau resümiert bezüglich des gleichen Phänomens etwas griesgrämig:

➔ Je mehr Kerzen deine Geburtstagstorte hat, desto weniger Atem hast du, um sie auszublasen.

Wohingegen Wilhelm Busch hinsichtlich der versäumten Gelegenheiten des Alters vorrangig an diverse Laster denkt:

➔ Doch schmerzlich denkt manch alter Knaster, / der von vergangnen Zeiten träumt, / an die Gelegenheit der Laster, / die er versäumt.

Dass man sein eigenes Alter oft zuerst am sich wandelnden Aussehen seiner Altersgenossen registriert – diese schmerzliche Erkenntnis wusste der englische Schauspieler Sir Alec Guiness in ein humorvolles Bonmot umzumünzen:

➔ Männer kommen in die besten Jahre, wenn ihnen auffällt, dass ihre Schulfreunde die Haare verlieren.

Auch die geradezu sprichwörtliche „Altersweisheit" eignet sich für einen Scherz:

➔ Wenn man genug Erfahrungen gesammelt hat, ist man zu alt, um sie auszunutzen. *(William Somerset Maugham)*

Äußerung von Peter Ustinov und dem Resümee, die einem älteren Menschen von seiner Umgebung unterstellte Abgeklärtheit mache ihn gleichsam kraft seiner Jahre zur unantastbaren Autorität – mit der vielleicht impliziten Aufforderung, dies doch nach Kräften auszunutzen:

➔ Je älter ich werde, desto mehr hört man mir zu, obwohl ich, meiner Meinung nach, das Gleiche sage wie immer.

... und noch mehr Zitate

Im Folgenden noch einmal eine Sammlung von Zitaten, die vor allem auf ein bestimmtes Lebensalter Bezug nehmen. Einige davon – humorvoll und ein bisschen respektlos – eignen sich besonders für eine selbstironische Antwortrede des Geburtstagskindes auf die kollektiven guten Wünsche der Festversammlung ...

DURCH DIE JAHRE

➔ Man wird nicht besser mit den Jahren Wie sollt' es auch? Man wird bequem Und bringt, um sich die Reu' zu sparen, die Fehler all in ein System. *(Theodor Fontane)*

➔ Man sagt „in jungen Jahren" / und „in alten Tagen". / Weil die Jugend Jahre / und das Alter nur noch Tage vor sich hat. *(Marie von Ebner-Eschenbach, „Aphorismen")*

➔ Gesundheit und ein heit'rer Sinn führen leicht durch's Leben hin. *(Theodor Fontane)*

➔ Mögest du leben, solange du willst und es wollen, solange du lebst. *(Keltischer Trinkspruch)*

➔ Unser ganzes Leben ist ein nie wiederkehrender Geburtstag, den wir darum heiliger und freudiger begehen sollen. *(Jean Paul)*

RUNDE GEBURTSTAGE

➔ Man jagt mit vierzig Jahresringen / Wohl nicht mehr gern nach Schmetterlingen, / Denn manches hat man in reiferen Jahren / Sowohl von Welt als Kunst erfahren. *(Otto Julius Bierbaum)*

➔ Die ersten vierzig Jahre unseres Lebens liefern den Text, die folgenden dreißig Jahre den Kommentar dazu. *(Arthur Schopenhauer)*

GEBURTSTAG FEIERN

➔ Nur die Lumpen sind bescheiden. Brave freuen sich der Tat. *(Johann Wolfgang von Goethe)*

➔ Mich deucht, das Größt bei einem Fest / Ist, wenn man sich's wohlschmecken lässt. *(Johann Wolfgang von Goethe)*

ALTER

➔ Die heutige Jugend ist grässlich. Sie hat nicht den geringsten Respekt vor gefärbten Haaren. *(Oscar Wilde)*

➔ Alt werden heißt sehend werden. *(Marie von Ebner-Eschenbach)*

➔ Alt wird man wohl, wer aber klug? *(Johann Wofgang von Goethe)*

➔ Das Alter ist ein höflicher Mann: / Einmal übers andre klopft er an, / Aber nun sagt niemand Herein: / Und vor der Tür will er nicht sein, / Da klinkt er auf, tritt ein so schnell, / Und nun heißt's, er sei ein grober Gesell. *(Johann Wolfgang von Goethe)*

➔ Der Blick des Verstandes fängt an, scharf zu werden, wenn der Blick der Augen an Schärfe verliert. *(Platon)*

➔ ***Alter*** / Das aber ist des Alters Schöne, / dass es die Saiten reiner stimmt, / dass es der Lust die grellen Töne, / dem Schmerz den herbsten Stachel nimmt. // Ermessen lässt sich und verstehen / die eigne mit der fremden Schuld, / und wie auch rings die Dinge gehen, / du lernst dich fassen in Geduld. // Die Ruhe kommt erfüllten Strebens, / es schwindet des Verfehlten Pein – / und also wird der Rest des Lebens / ein sanftes Rückerinnern sein. *(Ferdinand von Saar)*

GESEGNETES ALTER

➔ In jüngern Tagen war ich des Morgens froh, / Des Abends weint ich; jetzt, da ich älter bin, / Beginn ich zweifelnd meinen Tag, doch / Heilig und heiter ist mir sein Ende. *(Friedrich Hölderlin, „Ehmals und jetzt")*

➔ Ich lebe mein Leben in wachsenden Ringen, / die sich über die Dinge ziehn. / Ich werd den letzten vielleicht nicht vollbringen, / aber versuchen will ich ihn. // Ich kreise um Gott, um den uralten Turm, / und kreise jahrtausendelang; / und ich weiß noch nicht: bin ich ein Falke, ein Sturm / oder ein großer Gesang. *(Rainer Maria Rilke, „Ich lebe mein Leben in wachsenden Ringen")*

➔ Die Jugend ernährt sich von Träumen, das Alter von Erinnerungen. *(Jüdisches Sprichwort)*

Jubiläen

Jubiläen in der Firma oder im Privatleben haben in der Regel eins gemeinsam: Sie finden meist in größerem Kreise statt, das Publikum ist häufig bunt gemischt, und die Ansprachen haben eher offiziellen Charakter.

Dies gilt es zu berücksichtigen, wenn es um den Aufbau einer Rede und die Auswahl passender Zitate geht. Orientieren Sie sich doch einfach an Goethe, der schon in seinem „Faust" (I, 1808) das immer wieder gern verwendete Motto ausgab:

➔ Wer vieles bringt, wird manchem etwas bringen.

Ihre Ansprache sollte durchaus feierlich sein, kann aber auch hin und wieder einen Schuss Humor vertragen. Dies ist aus jeder Perspektive möglich, aus der Sie Ihre Rede halten. Um den besonderen Anlass zu würdigen, ordnen Sie zum Beispiel den Tag, auf den sich das Jubiläum bezieht, in den Gang der Geschichte ein. Dabei können Sie dem Historiker Leopold von Ranke widersprechen, da dieser „glückliche Tag" sicher nicht auf einer der „leeren Seiten" der Geschichte verzeichnet ist – und das Gleiche soll natürlich auch auf den festlichen Jubiläumstag zutreffen:

➔ Auf den leeren Seiten der Geschichte sind die glücklichen Tage der Menschheit verzeichnet.

Vergangenheit und Zukunft

Bei Jubiläen geht es um die Erinnerung an ein bestimmtes Ereignis der Vergangenheit und seinen zeitlichen Bezug zur Gegenwart, vor allem aber auch um seine tiefere Bedeutung für Gegenwart und Zukunft. Daher bietet es sich an, die Brücke von der Vergangenheit zur Gegenwart und in die Zukunft zu schlagen, um die Kontinuität zu betonen. Eine sehr passende

Erkenntnis steuert hierzu der Philosoph Konfuzius bei:
→ Erzähle mir die Vergangenheit und ich werde die Zukunft erkennen.
Und auch José Ortega y Gasset betont die Notwendigkeit, die Vergangenheit für die Zukunft lebendig zu halten, um sich weiterzuentwickeln:
→ Der Fortschritt besteht nicht darin, das Gestern zu zerstören, sondern seine Essenz zu bewahren, welche die Kraft hatte, das bessere Heute zu schaffen.
Nehmen Sie, hiervon ausgehend, aus Ihrer individuellen Sicht Bezug auf das aktuelle Ereignis: Wann und wie begann die langjährige Freundschaft oder Ehe, deren Jubiläum nun begangen werden soll. Wie haben Sie einst in Ihrer Firma angefangen, in der Sie inzwischen auf der Karriereleiter aufgestiegen sind? Wie gestaltete sich deren Gründungsphase, was hat sich seither verändert oder ist geblieben? Was erhoffen Sie sich für die Zukunft?

Firmenjubiläum

Firmenjubiläen sind willkommene Gelegenheiten für jeden Betrieb, sich einerseits selbst nach außen darzustellen, sich andererseits der Loyalität jüngerer oder langgedienter Mitarbeiter zu versichern. Dabei kann man diese natürlich wieder einmal auf die eigene Betriebsphilosophie einschwören und damit das allgemeine Wir-Gefühl stärken. Aber auch der Hinweis auf die Qualität der Mitarbeiter wird neben der Motivation das Zusammengehörigkeitsgefühl steigern. Bedienen Sie sich doch einfach folgender Worte Reinhard Mohns:
→ Die Geschichte des Hauses Bertelsmann setzt sich nicht zusammen aus Umsatzzahlen oder äußerem Erleben und Geschehen, sie ist die Geschichte der Menschen, die diese Firma und ihre Arbeit getragen haben.
Einer erfolgreichen Firmenpolitik liegt häufig eine originelle oder ausgefallene Geschäftsidee zugrunde, worauf Sie ausdrücklich verweisen können, nicht zuletzt dann, wenn der Firmengründer selbst und/oder dessen Familie anwesend sind:
→ Eine Chance zu sehen, ist keine Kunst. Die Kunst ist, eine Chance als Erster zu sehen, stellte etwa der Amerikaner Benjamin Franklin fest. Dies

Eine Jubiläumsrede sollte den Bogen von der Vergangenheit über die Gegenwart in die Zukunft spannen.

impliziert nicht selten, auch einmal gegen den Strom zu schwimmen, was die Politikerin Rita Süßmuth – Garantin für unorthodoxe Positionen innerhalb ihrer Partei – nur bestätigen kann:

➔ Nur tote Fische schwimmen immer mit dem Strom.

EINE CHANCE ZU SEHEN, IST KEINE KUNST. DIE KUNST IST, EINE CHANCE ALS ERSTER ZU SEHEN. (BENJAMIN FRANKLIN)

Goethe wiederum betont, dass sich Erfolg nicht zuletzt der Kreativität verdanke – eine Ansicht, wie sie ähnlich auch der irische Dramatiker George Bernard Shaw in nur vordergründig paradoxen Worten formuliert:

➔ Das Außergewöhnliche geschieht nicht auf glattem, gewöhnlichem Wege. *(Johann Wolfgang von Goethe)*

➔ Der vernünftige Mensch passt sich der Welt an; der unvernünftige besteht auf dem Versuch, die Welt sich anzupassen. Deshalb hängt aller Fortschritt vom unvernünftigen Menschen ab. *(George Bernard Shaw)*

Im Anschluss daran empfiehlt es sich, die Anfangs- und Aufbaujahre Revue passieren zu lassen. Die wichtigste Voraussetzung dafür, der neuen Geschäftsidee auf dem Markt zum Durchbruch zu verhelfen, waren sicherlich kluge Planung und Durchhaltevermögen, verbunden mit einer gewissen Risikobereitschaft. Weisen Sie ruhig ausdrücklich darauf hin, denn dies schließt ja auch die persönliche Leistung der Mitarbeiter mit ein:

➔ Zum Erwerben eines Glückes gehört Fleiß und Geduld und zur Erhaltung desselben gehört Mäßigung und Vorsicht. *(Johann Peter Hebel)*

Warum diesen Gedanken nicht auch mit Augenzwinkern formulieren, wie Altbundeskanzler Helmut Schmidt, der hier zudem die Erfahrung der großen Macht der Werbung mit einfließen lässt:

➔ Früher brauchten Unternehmen Wagemut und Augenmaß. Heute brauchen sie Marktforschung und Werbeagenturen.

Im Anschluss daran können Sie natürlich einschränken, dass auch in unseren Tagen diese klassischen Unternehmertugenden nicht wirklich überflüssig geworden sind.

Resümieren Sie schließlich Ihre Ausführungen doch einfach mit einer Weisheit des romantischen Dichters Novalis, die die Gunst der jeweiligen Umstände geschickt mit der individuellen Leistung verbindet:

➔ Glück ist Talent für das Schicksal.

Dies trifft sich durchaus mit der Forderung, auch angesichts der augenblicklich schwierigen Wirtschaftslage mit Optimismus in die Zukunft zu blicken:

➔ Für den Optimisten ist das Glas halb voll, für den Pessimisten halb leer. *(Sprichwort)*

Und wer sich für einen anspielungsreichen Kalauer nicht zu schade ist, kann ja noch hinzufügen:

➔ Der Realist verdrückt sich beizeiten, damit er es nicht abspülen muss. *(Sprichwort)*

Ehejubiläen

Zu den wichtigsten persönlichen Jubiläen zählen neben runden Geburtstagen insbesondere Ehejubiläen: Anlass für das Jubelpaar, innezuhalten und Bilanz ihrer Partnerschaft zu ziehen, für die Gratulanten wiederum, die Leistung eines lange währenden Zusammenlebens zu würdigen und dem Paar für die Zukunft noch viele gemeinsame glückliche Jahre zu wünschen.

Eine Ansprache zur silbernen oder goldenen Hochzeit wird zunächst auf die Jubilare selbst eingehen, die entweder besonders gut oder vordergründig gar nicht so perfekt zusammenpassen, und individuelle Leistungen ihrer Ehe herausstellen: die prächtig geratene Kinderschar, das unter großen Entbehrungen errichtete Haus, den gemeinsam aufgebauten erfolgreichen Betrieb.

Der Weg dorthin war nicht immer einfach und forderte den Beteiligten oft sehr viel Energie und Toleranz ab:

➔ Die Ehe ist kein Fertighaus, sondern ein Gebäude, an dem ständig konstruiert und repariert werden muss. *(Jean Gabin)*

Doch das Jubelpaar hat ja sämtliche aufgetretenen Schwierigkeiten und Probleme souverän gemeistert und kann daher der Zukunft ganz gelassen ins Auge sehen – etwa mit dieser Äußerung des griechischen Philosophen Zenon:

➔ Das Glück besteht im schönen Fluss des Lebens.

... und noch mehr Zitate

Auch die folgenden Zitate bieten Anknüpfungspunkte für weiterführende Gedanken zu einem Jubiläum, egal ob als Feier im größeren Rahmen oder als persönliche Bilanz ...

ZUM EINSTIEG

➔ Ein Leben ohne Feste ist wie ein langer Weg ohne Gasthäuser. *(Demokrit)*

➔ Niemals empfindet man die Hand Gottes kräftiger über sich, als wenn man die Jahre seines vergangenen Lebens betrachtet. *(Martin Luther)*

VERGANGENHEIT UND ZUKUNFT

➔ Das Tun interessiert, das Getane nicht. *(Johann Wolfgang von Goethe)*

➔ Vergangenheit ist die Vorratskammer für die Zukunft. *(Anonym)*

GRÜNDERS MITTAGSLIED

Im Rahmen einer lockeren Jubiläumsfeier könnte man – Humor auf allen Seiten vorausgesetzt – auch folgendes Gedicht von August Heinrich Hoffmann von Fallersleben rezitieren, das den „ausbeuterischen“ Firmengründer karikiert:

➔ Ich bin ein Gründer froh und frisch,
Schon heute setz ich mich zu Tisch,
Als dürft ich weiter mich nicht quälen,
Als meine Zinsen nur zu zählen.

Gottlob weiß ich mir selber Rat,
Nichts soll mich kümmern Stadt noch Staat:
Dem Gründerleben treu ergeben,
Verschaff ich mir ein würdig' Leben.

Was geht das Verdienst mich an?
Nur der Verdienst ist noch mein Mann:
Ich will mir flechten selbst zum Lohne
Aus Aktien eine Bürgerkrone.

SILBERNE HOCHZEIT

Zwei recht unterschiedliche, ja fast widersprüchliche Zitate zur silbernen Hochzeit, die aber darin übereinstimmen, dass die Ehe einen langen Erfahrungsprozess darstellt.

➔ Ob zwei Leute gut getan haben, einander zu heiraten, kann man bei ihrer silbernen Hochzeit noch nicht wissen. *(Marie von Ebner-Eschenbach)*

➔ Bei der silbernen Hochzeit weiß man erst, was eine Ehe ist. *(Wilhelm von Kügelgen)*

FREUNDSCHAFTSJUBILÄUM

➔ Ältere Freundschaften haben den neuen hauptsächlich voraus, dass man sich schon viel verziehen hat. *(Johann Wolfgang von Goethe)*

ANSPRACHEN ZUM EHEJUBILÄUM

Im Folgenden zwei kurze „Ansprachen“ in Versen, die ein Part des Jubelpaares an den anderen richtet. Während das erste Gedicht humorvoll-melancholisch das gemeinsame Alter thematisiert, kommen im zweiten tiefe Liebe und Religiosität zum Ausdruck.

➔ Hätt’ ich heut vor fünfundzwanzig Jahren / so viel Grau gehabt in meinen Haaren, / nicht genommen hätt’st du mich, ich wette; / und wenn Rosen damals auf der Wange / du nicht hättest mehr gehabt, ich bange, / ob ich selber dich genommen hätte. *(Friedrich Rückert, „Zur silbernen Hochzeit“)*

➔ Ich danke dir mein Wohl, mein Glück in diesem Leben. / Ich war wohl klug, dass ich dich fand; / Doch ich fand dich nicht. Gott hat dich mir gegeben; / So segnet keine andre Hand. *(Matthias Claudius, „An Frau Rebecca bei der silbernen Hochzeit, 1717“)*

Ruhestand – Abschied

Sollen Sie in Ihrer Firma eine Rede auf einen langgedienten Mitarbeiter halten, der in den Ruhestand tritt? Vielleicht wollen Sie demnächst aber auch selbst die Arbeitsstelle wechseln und möchten sich von den Kollegen mit einer Ansprache verabschieden.

Abschiedssituationen kommen im Berufsleben regelmäßig vor und sind in der Regel bei allen Beteiligten durch unterschiedlichste Gefühle gekennzeichnet: Bedauern bei den Bleibenden und Aufbruchsstimmung bei denen, die weggehen. Und auch in Ihrer Rede werden wahrscheinlich ambivalente Regungen zum Ausdruck kommen. Schließlich beginnt mit jedem Abschied zugleich ein neuer Lebensabschnitt, dessen positive Aspekte Sie sicherlich in den Vordergrund stellen wollen. Bei einer solchen Rede werfen Sie vielleicht zunächst einen Blick zurück auf das Arbeitsleben, um sich nach dem Motto des 37. Psalmes

➔ Nach getaner Arbeit ist gut ruhn

ausführlicher den vielfältigen Aspekten dieser Phase des (Un-) Ruhestands zu widmen.

Für die konkrete Formulierung Ihrer Abschiedsworte können Sie sich – nicht zuletzt wenn mehrere Redner auf der Liste stehen – durchaus das folgende Motto aus Theodor Fontanes Roman „Cécile“ (1868) zu Herzen nehmen:

➔ Abschiedsworte müssen kurz sein wie Liebeserklärungen.

Bilanz des Arbeitslebens

In einer Abschiedsrede werden Sie eine positive Bilanz eines langen Arbeitslebens ziehen:

➔ Arbeit gibt uns mehr als den Lebensunterhalt, sie gibt uns das Leben,

meinte Henry Ford und deutete damit den besonderen, über den reinen Gelderwerb hinausgehenden Sinn von Arbeit an. Im Idealfall können wir uns in der Arbeit verwirklichen, unser Menschsein zeigt sich in unseren Leistungen, die vielfältig belohnt werden und sich für den Schaffenden als segensreich erweisen:

➔ Arbeit ist des Bürgers Zierde, Segen ist der Mühe Preis.
(Friedrich von Schiller)

Im Anschluss werden sicherlich – vielleicht mit einem Zitat Hermann Gmeiners, des Gründers der SOS-Kinderdörfer – die Leistungen, Stärken und Verdienste des Mitarbeiters oder Kollegen gebührend gewürdigt:

➔ Alles Große in unserer Welt geschieht nur, weil jemand mehr tut, als er muss.

Oder Sie wählen weniger „große“ Worte und würdigen ein Arbeitsleben mit einem Zitat des römischen Schriftstellers und Philosophen Seneca:

➔ Wie bei einem Theaterstück kommt es im Leben weniger darauf an, wie lange es währt, als darauf, wie gut es gespielt wurde.

Schließlich lässt sich ein Berufsleben hinsichtlich seines Endes bilanzieren:

➔ Angenehm sind die erledigten Arbeiten.

Von diesem Zitat des römischen Schriftstellers, Redners und Politikers Marcus Tullius Cicero ist es natürlich nicht mehr weit zu einem Ausblick auf das Leben nach der Arbeit. Die positiven Aussichten auf dieses neue Leben können Sie durchaus auch dadurch anklingen lassen, dass Sie mit einem Augenzwinkern auf die „negativen“ Seiten der Berufstätigkeit eingehen – ein heiterer Kontrapunkt zu all den bedeutungsvollen Worten kann nie schaden!

➔ Arbeit ist eine Art Gefängnis. Wie viele schöne Dinge gehen vorbei, die zu sehen, sie hindert,

erklärt der französische Schriftsteller Paul Valéry. Oder weisen Sie mit dem deutschen Journalisten Wolfram Weidner provokant darauf hin, wie überholt es eigentlich ist, mit seiner Hände Arbeit seinen Lebensunterhalt zu verdienen:

➔ Arbeit ist die altmodische Form der Vermögensbildung in Arbeitnehmerhand.

Das ist zwar nicht ganz ernst gemeint, aber ein Körnchen Wahrheit steckt doch in der Aussage und ein solidarisches

Grinsen auch der noch im Berufsleben stehenden Kollegen wird Ihnen an dieser Stelle sicher sein.

Abschied

Wenn die Witterung mitspielt – und hierfür stehen die Chancen in unseren Breitengraden ja nicht schlecht –, bedienen Sie sich einfach jener Worte, die Viktor von Scheffel in seinem „Trompeter von Säckingen" (1854) für eine trübe Abschiedsstimmung fand:

Das bisherige Arbeitsleben hält zahlreiche Themen für eine Abschiedsrede im Betrieb bereit.

➔ Zum Abschiednehmen just das rechte Wetter. / Grau wie der Himmel steht vor mir die Welt.

Weisen Sie in diesem Zusammenhang doch darauf hin, dass bei aller Wehmut das Leben weitergeht, auch wenn es immer wieder durch kleine und größere Abschiede unterbrochen ist. So drückte es Lion Feuchtwanger in seinem Erlebnisbericht „Der Teufel in Frankreich" (1941) fast überspitzt aus:

➔ Im Grunde genommen nimmt man jeden Tag von irgendetwas Abschied, ohne es zu wissen.

Ein Abschied von einer Arbeitsstelle bringt es etwa mit sich, dass man sich von lieb gewordenen Gewohnheiten trennen muss. So wird man auch zahlreiche sympathische Kollegen, mit denen man vielleicht über Jahre eng und vertrauensvoll zusammengearbeitet hat, in Zukunft kaum noch sehen. Doch dem stehen andererseits viele Vorteile gegenüber, es eröffnen sich ja durchaus freundliche Aussichten mit unterschiedlichen Szenarien wie dem „Dolcefarniente", dem „süßen Nichtstun", oder einer aktiven Lebensplanung. Machen Sie dies am besten vom individuellen Charakter der Hauptperson abhängig. Im Folgenden eine kleine Palette möglicher Einzelthemen und Argumente – mit philosophisch abgeklärtem bis humoristischem Unterton.

Nichtstun?

Nicht unterschätzen sollte jeder potenzielle Ruheständler die Schwierigkeit des ungewohnten „Nichtstuns", um zu vermeiden, dem viel beschworenen „Ruhestandsschock" zu erliegen – ein Thema, das in diesem Rahmen durchaus angesprochen werden darf. Es muss ja nicht wirklich der Verzicht auf

KEIN MENSCH IST UNERSETZLICH

Sie blicken bei Ihrem Ausscheiden auf eine erfolgreiche berufliche Tätigkeit zurück, sind sich aber zugleich darüber im Klaren, dass es auch ohne Sie weitergehen wird. Sprechen Sie doch diesen Gedanken mit dem Staatsmann und Gelehrten Wilhelm von Humboldt aus:

➔ Kein Mensch ist unersetzbar in Geschäften.

Es schmälert Ihre Leistung nicht, zeigt aber Anerkennung gegenüber anderen. Nur mit Fingerspitzengefühl sollten Sie allerdings dieses Thema bei einer Abschiedsrede auf einen Kollegen aussprechen, der tatsächlich von seiner Unersetzlichkeit überzeugt ist. Da gilt es dann vielleicht doch eher zu betonen, wie schwierig es sein wird, die Lücke zu füllen, vielleicht in Verbindung mit dem Hinweis auf andere wichtige Betätigungen des Kollegen auch in fortgeschrittenen Jahren. Dabei könnten Sie mit Augenzwinkern einen Mann zitieren, der die Pensionsgrenze schon längst überschritten hat, aber dennoch nicht ans Aufhören denkt:

➔ Revolutionäre gehen nie in Pension. *(Fidel Castro)*

jegliche Tätigkeit sein, um einen angenehmen Lebensabend zu verbringen. Vielleicht führt gerade die Unterforderung zu Langeweile und Verdruss, wie der deutsch-jüdische Schriftsteller und Publizist Ludwig Börne meint:

➔ Ruhe ist Glück, wenn sie ein Ausruhen ist, wenn wir sie gewählt, wenn wir sie gefunden, nachdem wir sie gesucht; aber Ruhe ist kein Glück, wenn sie unsere einzige Beschäftigung ist.

Der Arzt und Schriftsteller Christoph Wilhelm Hufeland versucht hier noch genauer zu differenzieren. Dabei weist er auf den großen Wert und das hohe Niveau freiwilliger Beschäftigung hin. Frei von jedem äußeren Zwang, garantiere diese anspruchsvolle Betätigung Schaffensfreude, weil sie dem individuellen Wesen des Einzelnen exakt entspreche:

➔ Muße? Das ist das Gegenteil von Nichtstun. Es ist gesteigerte

Empfänglichkeit, ein Tun, das nicht aus dem Zwang der Not kommt, nicht aus der Gier nach Gewinn, nicht aus dem Gebot oder der Pflicht, sondern allein aus der Liebe und der Freiheit. Es ist die anspruchsvollste Beschäftigung, weil sie aus dem Kern unseres Wesens hervorgeht und aus der Freude am Schaffen selbst getan wird.

Von dem französischen Moralisten Jean de La Bruyère wiederum, der im 17. Jahrhundert lebte und schrieb, können wir eine ähnliche Definition für einen befriedigenden Ruhestand im Sinne recht verstandener Freiheit übernehmen:

Der Abschied von einem langen Arbeitsleben bringt immer auch einen Neuanfang.

➔ Freiheit ist nicht Müßiggang, sie besteht im freien Gebrauch der Zeit, in der freien Wahl von Arbeit und Tätigkeit, mit einem Wort: Freisein bedeutet nicht Nichtstun, sondern Herr sein über Tun und Lassen.

Oder Sie lassen einfach Cicero zu Worte kommen, um ihn als nachahmenswertes Beispiel vorzustellen. Kurz und knapp meinte der römische Autor:

➔ Niemals bin ich weniger müßig als in meinen Mußestunden.

Muße und Nichtstun

Verstehen wir uns hier nicht falsch. Nichtstun ist natürlich nicht per se von Nachteil, doch hierzu bedarf es – nach Oscar Wilde – minuziöser Vorbereitung:

➔ Nichtstun ist die allerschwierigste Beschäftigung und zugleich diejenige, die am meisten Geist voraussetzt.

Dieser Zustand ist, wie schon der dänische Philosoph Sören Kierkegaard feststellte, ein hohes Gut:

➔ Müßiggang ist nichts Übles, ja man muss sagen: Ein Mensch, der für diesen keinen Sinn hat, zeigt damit, dass er sich nicht zur Humanität erhoben hat.

Er weiß sich hier mit dem Griechen Aristoteles einig, einem der Väter der abendländischen Philosophie, der bereits im 4. Jahrhundert v. Chr. die Muße als Voraussetzung für wahres Glück erkannte:

➔ Es gilt als ausgemacht, dass die Glückseligkeit sich in der Muße findet. *(Aristoteles, „Nikomachische Ethik“)*

Zudem geht diese nach dem griechischen Philosophen mit recht verstandener Freiheit einher:

→ Muße ist die Schwester der Freiheit. *(Aristoteles, „Politik“)*

Und die Schriftstellerin Emilie von Gleichen-Rußwurm sieht gar die höchsten Güter in Gefahr, sofern man nicht in der Lage sei, Muße gebührend zu genießen:

→ Was nützen dir Liebe, Glück, Bildung, Reichtum, wenn du dir nicht die Zeit nimmst, sie in Muße zu genießen?

So könnte man durchaus zu dem „faszinierenden“ Motto des italienischen Autors Curzio Malaparte gelangen, dem sich jeder Ruheständler verschreiben könnte:

→ Manche Menschen tun nichts, aber sie tun es auf faszinierende Weise.

Zauber des Anfangs

Die Anfangszeit des Ruhestands ist also immer auch, wenn nicht sogar in allererster Linie, eine Phase der Umorientierung und neuer Pläne für die nähere und weitere Zukunft, Pläne, die es häufig erst zu definieren gilt. Man stellt sich wie der französische Schriftsteller François Mauriac zunächst die Frage:

→ Die Zeit ist reif, es fragt sich nur wofür.

Die Antwort könnte lauten: für schöne Unternehmungen mit der Familie, um eine Fremdsprache oder ein Instrument zu erlernen, den Garten auf Vordermann zu bringen, für lange Bergwanderungen oder was auch immer man schon seit längerem gern getan hätte, ohne Zeit dafür zu finden. Ein ganz neues Leben beginnt! Zitieren Sie in diesem Zusammenhang doch den amerikanischen Schriftsteller Walt Whitman, um dies kurz und knapp auf den Punkt zu bringen:

→ Niemals war mehr Anfang als jetzt.

Die Aussichten auf all die Aktivitäten beflügeln. Ein ganz besonderer Zauber wohnt aber dem Anfang inne, ja der italienische Schriftsteller Cesare Pavese sieht im Anfangen überhaupt den eigentlichen, den schönsten Reiz des Lebens:

→ Die einzige Freude auf der Welt ist das Anfangen. Es ist schön zu leben, weil leben anfangen ist, immer, in jedem Augenblick.

... und noch mehr Zitate

Im Folgenden eine Reihe weiterer Zitate und Gedichte mit passenden Gedanken zum Thema, die sich zur Verwendung in einer Abschiedsrede im Betrieb eignen.

GEDICHTE ZUM ABSCHIED

Vielleicht möchten Sie eines der Gedichte für die Gestaltung einer Abschiedskarte verwenden, die von sämtlichen Kollegen unterschrieben wird?

→ ***Genug ist genug*** / Ehedem, getreu und fleißig, / Tät er manchen tiefen Zug. / Erst, nachdem er zweimal dreißig, / Sprach er: Itzo sei's genug. // Von den Taten, wohl vollbrungen, / Liebt das Alter auszuruhn, / Und nun ist es an den Jungen, / Gleichfalls ihre Pflicht zu tun. *(Wilhelm Busch)*

→ ***Lob der Faulheit*** / Faulheit, jetzo will ich dir / Auch ein kleines Loblied bringen. / O wie sauer wird es mir, / Dich nach Würden zu besingen! / Doch, ich will mein Bestes tun, / Nach der Arbeit ist gut ruhn. *(Gotthold Ephraim Lessing)*

RUHE, MUSSE, FREIHEIT

→ Für alle gibt es eine Zeit der Ruhe und eine Zeit der Arbeit. *(Vergil)*

→ Muße, nicht Arbeit, ist das Ziel des Menschen. *(Oscar Wilde)*

→ Die Ruhe ist eine liebenswürdige Frau. Sie wohnt in der Nähe der Weisheit. *(Epicharmos von Syrakus)*

→ Ich halte nichts vom Recht auf Arbeit; ich halte es lieber für das größte Recht des Menschen, nichts zu tun. *(Gioacchino Rossini)*

→ Einen Tag lang ungestört in Muße zu verleben, heißt, einen Tag lang unsterblich sein. *(Chinesisches Sprichwort)*

→ Muße ist der schönste Besitz von allen. *(Sokrates)*

→ Muße ohne geistige Tätigkeit ist Tod und Lebendig-begraben-Sein. *(Seneca)*

ABSCHIED(SWORTE)

→ In jeder großen Trennung liegt ein Keim von Wahnsinn; man muss sich hüten, ihn nachdenklich auszubrüten und zu pflegen. *(Johann Wolfgang von Goethe, „Maximen und Reflexionen“)*

→ Der Abschied schmerzt immer, auch wenn man sich schon lange auf ihn freut. *(Arthur Schnitzler)*

→ Man schreibt nicht so ausführlich, Wenn man den Abschied gibt. *(Heinrich Heine, „Neuer Frühling“, 1828, Nr. 34)*

→ Von dem, was du erkennen und messen willst, musst du Abschied nehmen, wenigstens auf eine Zeit. Erst wenn du die Stadt verlassen hast, siehst du, wie hoch sich ihre Türme über die Häuser erheben. *(Friedrich Nietzsche, „Menschliches, Allzumenschliches“, 1878)*

→ Diejenigen, die gehen, fühlen nicht den Schmerz des Abschieds. Der Zurückbleibende leidet. *(Henry Wadsworth Longfellow)*

→ Beim Abschiednehmen kommt ein Augenblick, wo man die Trauer so stark vorausfühlt, dass der geliebte Mensch schon nicht mehr bei einem ist. *(Gustave Flaubert, „November“, 1840–1842)*

WIEDERSEHEN

Bei Goethe finden sich passende Verse, wenn Sie beabsichtigen, auch über die reinen Arbeitskontakte mit den ehemaligen Kollegen verbunden zu bleiben:

→ Heute geh ich. Komm ich wieder, / Singen wir ganz andre Lieder. / Wo so viel sich hoffen lässt. / Ist der Abschied ja ein Fest. *(Johann Wolfgang von Goethe, „Sprüche in Reimen“)*

→ Das Wiedersehn ist froh, das Scheiden schwer, / Das Wieder-Wiedersehn beglückt noch mehr, / Und Jahre sind im Augenblick ersetzt; / Doch tückisch harrt das Lebewohl zuletzt. *(Johann Wolfgang von Goethe, „Trilogie der Leidenschaft“, 1827)*

Tod – Trauer – Beerdigung

Trauerreden sind ein heikles Thema. Schließlich ist man hier mit der Endlichkeit des Daseins und damit einem der wenigen großen Tabus konfrontiert, die heute noch bestehen.

Bei Trauerfeiern und Beerdigungen handelt es sich um Anlässe, bei denen sich entsprechend dem Status des Verstorbenen eine gemischte Zuhörerschaft zusammenfindet: Manche der Trauergäste verlieren eine weiter entfernt stehende Person, etwa einen Geschäftsfreund oder einen Arbeitskollegen, andere hingegen beklagen den Verlust eines engen Familienangehörigen, dessen Tod im Einzelfall vielleicht sogar mit weit reichenden Konsequenzen für einen selbst verbunden ist. Die einen wollen ganz persönlich einen letzten, oft schmerzvollen Abschied nehmen, andere in erster Linie gesellschaftlichen und religiösen Konventionen Genüge tun. Eine Trauerrede mit der gebotenen Sensibilität zu präsentieren – hierzu bedarf es daher besonderen Fingerspitzengefühls. Widerstehen Sie dem Impuls, sich in Ihrer Unsicherheit hinter hochtrabenden Worten zu verschanzen. Und überlassen Sie den christlichen Aspekt lieber dem Geistlichen, der eine entsprechende Trauerpredigt hält.

Wählen Sie stattdessen einfache und warme Worte, um der Persönlichkeit des Verstorbenen gerecht zu werden und idealerweise im Rahmen des Möglichen Trost zu spenden – etwa Worte des Humanisten Albert Schweitzer:

➔ Das einzig Wichtige im Leben sind Spuren von Liebe, die wir hinterlassen, wenn wir ungefragt weggehen und Abschied nehmen müssen.

➔ Es nimmt der Augenblick, was Jahre geben,
stellt dagegen Johann Wolfgang von Goethe kurz und knapp fest – ein allgemeines Wort und in seiner Schlichtheit für alle nachvollziehbar.

Schmerzliches Bewusstsein des Verlustes

Bei der Erinnerung an den Verstorbenen wird sich nicht zuletzt das Bewusstsein des unwiederbringlichen Verlustes eines liebevollen Gatten und Vaters oder eines verständnisvollen Chefs und Mentors in den Vordergrund schieben. Dieser Verlust kann, wie Schopenhauer beobachtet hat, die Wertschätzung des Verstorbenen sogar noch steigern:

➔ Meistens belehrt erst der Verlust uns über den Wert der Dinge. *(Arthur Schopenhauer, „Parerga und Paralipomena", 1851)*

Sogar die Erkenntnis des eigenen tiefen Schmerzes mag gewissen Anlass zum Trost in sich bergen, wie schon die Schriftstellerin Marie von Ebner-Eschenbach psychologisch feinsinnig erkannt hat:

➔ Beim Tode eines geliebten Menschen schöpfen wir eine Art Trost aus dem Glauben, dass der Schmerz über unsern Verlust sich nie vermindern wird.

Eine Trauerrede stellt eine große Herausforderung dar und erfordert sehr viel Fingerspitzengefühl.

Die Kehrseite der Medaille allerdings stellt die nachträgliche Idealisierung des Toten dar – eine Gefahr, der man nicht verfallen sollte. Schließlich wollen wir für die Anforderungen des Lebens offen bleiben, das weitergehen muss:

➔ Wir sollen die Liebe, welche wir den Toten mit ins Grab

DE MORTUIS NIL NISI BENE

Zentraler Aspekt jeder Trauerrede ist die Würdigung der Persönlichkeit des Verstorbenen, wobei sich hier der alte lateinische Grundsatz von selbst versteht, nur positiv über ihn zu sprechen: „Über Tote nur Gutes." Dabei können Sie mit einem persischen Sprichwort darauf hinweisen, dass wir gerade mit guten Taten in der Erinnerung der Nachwelt weiterleben:

➔ Der ist nicht wirklich tot, der einen guten Namen hinterlässt.

geben, nicht den Lebenden entziehen. *(Wilhelm Raabe)*
Doch wird die Zeit unweigerlich alle Wunden heilen:
➔ Für den Verlust von Personen, die uns lieb waren, gibt es keine Linderung als die Zeit und sorgfältig und mit Vernunft gewählte Zerstreuung. *(Georg Christoph Lichtenberg, „Aphorismen")*

Plötzlich und unerwartet

So beginnen viele Traueranzeigen, die das Ableben eines Mitmenschen bekannt geben. Dies spiegelt deutlich Schock und Überraschung, die Freunde und Angehörige bei einer Todesnachricht meist empfinden – falls nicht aufgrund besonderer Umstände, wie Krankheit oder hohen Alters, damit zu rechnen war. Der Tod kommt immer unerwartet und ist doch allgegenwärtig, wie es bereits Martin Luther formulierte:
➔ Mitten wir im Leben sind / Mit dem Tod umfangen.
Das plötzliche Eintreten des Todes ohne Vorwarnung könnte man wie Oscar Wilde durchaus als Vorteil sehen. In der Regel jedoch empfinden wir es eher als Belastung – wie der russische Schriftsteller Michail Bulgakow –, weil es den Betreffenden daran hindert, sich angemessen auf sein Ende vorzubereiten:
➔ Der Tod ist unser aller Erbteil und kommt am besten, wenn er plötzlich kommt. *(Oscar Wilde, „Die Herzogin von Padua", 1883)*
➔ Jeder Mensch ist sterblich, aber das wäre nicht so schlimm. Schlimm ist, dass er bisweilen sehr plötzlich stirbt. *(Michail Bulgakow, „Der Meister und Margarita", 1967)*
Offensichtlich ist es gerade die Tatsache, sich gegen den Tod nicht wappnen zu können, die uns Menschen mit Unsicherheit erfüllt. Diese kommt auch in den Worten des griechischen Philosoph Metrodoros zum Ausdruck:
➔ Gegen alles kann man sich Sicherheit verschaffen; aber dem Tod gegenüber bewohnen wir Menschen alle eine unbefestigte Stadt.

Kann das Sterben schrecken?

Furcht vor dem Tod ist folgerichtig das vorherrschende Gefühl, mit dem wir einem Zustand gegenübertreten, dessen Eintrittszeitpunkt wir einerseits nicht kennen und von dem wir selbst noch viel weniger eine klare Vorstellung haben:

➔ Niemand weiß, was der Tod ist, ob er nicht für den Menschen das größte darstellt unter allen Gütern. Sie fürchten ihn aber, als wüssten sie gewiss, dass er das größte Übel ist. *(Platon, „Apologie des Sokrates")*

Ein subjektives Gefühl, dem keine objektive Erkenntnis gegenübersteht, schließlich weiß keiner von uns, was ihn nach seinem Tod erwartet. Doch möglicherweise ist dies ja weniger Anlass zum Schrecken, als wir befürchten. Die Vorstellung vom Tod als Bruder des Schlafs, bereits in der Antike geläufig, mag hier tröstlich wirken:

➔ Ist der Tod nur ein Schlaf, / wie kann Dich das Sterben schrecken? / Hast Du es je noch gespürt, wenn Du des Abends entschliefst? *(Christian Friedrich Hebbel)*

Frieden, Sinn und Ordnung

Das Argument, dass wir Menschen nach dem Tode in eine ruhigere, friedlichere Daseinsform hinübergleiten, sollte uns ebenfalls beruhigen. Verwenden Sie es dann, wenn der Verstorbene in seinem letzten Lebensabschnitt von Schmerz und Leiden nicht verschont blieb – etwa in Form einer philosophischen Sentenz des römischen Schriftstellers Seneca:

➔ Der Tod bedeutet die Tilgung jeglichen Schmerzes, und er ist die Grenze, über die unsere Leiden nicht hinausgelangen; er gibt uns wieder jenen Zustand der Ruhe zurück, dem wir vor unserer Geburt angehörten.

Die Anwort auf die Frage nach dem Sinn des Todes liegt im Leben selbst begründet, ist somit für jeden zunächst individuell zu beantworten. Zudem kann man auch auf abstrakte Werte wie eine „höhere Ordnung" Bezug nehmen:

Die Frage nach dem Sinn des Todes ist aufs Engste mit der nach dem Sinn des Lebens verbunden.

➔ Was aber dem Leben Sinn verleiht, gibt auch dem Tod Sinn. Es ist leicht zu sterben, wenn es in der Ordnung der Dinge liegt. *(Antoine de Saint-Exupéry, „Wind, Sand und Sterne", 1939)*

Aus der Betrachtung der Natur leitet der Philosoph Johann Gottlieb Fichte folgende, nur auf den ersten Blick paradoxe

Gleichung ab. Er gelangt in ihr zu dem Schluss, dass sich erst im Sterben das Leben selbst vollende:

➔ Aller Tod in der Natur ist Geburt, gerade im Sterben erscheint sichtbar die Erhöhung des Lebens.

Ein ganz verwandter Gedanke findet sich bei dem indische Schriftsteller Rabindranath Tagore:

➔ Alles Wachsen ist ein Sterben,
jedes Werden ein Vergehen.
Alles Lassen ein Erleben,
jeder Tod ein Auferstehen.

So liegt im Bewusstsein unseres Todes auch ein kreatives Potenzial, das sich in bildender Kunst und Musik Ausdruck verschaffen, gleichsam Auferstehung feiern kann. Eine positive Aussicht, die dem Tod viel von seinen düsteren Aspekten nimmt:

➔ Alle Kunst entsteht aus Angst vor dem Tod. *(Hermann Hesse)*

Nach dem Tod

Antwortversuche auf die Frage, was den Tod konkret vom Leben unterscheidet, bieten ihrerseits Anlass zum Trost, aus welcher Perspektive man sich ihnen auch nähert. Nicht zuletzt aus diesem Grund hat sich die Philosophie diesem ganz zentralen Thema der menschlichen Existenz seit jeher ausführlich gewidmet. Schon in der griechischen Antike gelangte der stoische Philosoph Epiktet zu der Erkenntnis:

➔ Der Tod ist nichts Schreckliches. Nur die schreckliche Vorstellung macht ihn furchtbar.

Der Kirchenlehrer Augustinus sah ihn hingegen aus christlicher Perspektive als eine andere Existenzform, die die Verstorbenen lediglich unseren Blicken entziehe:

➔ Unsere Toten sind nicht abwesend, sondern nur unsichtbar. Sie schauen mit ihren Augen voller Licht in unsere Augen voller Trauer.

Eine tröstliche Lichtmetapher für den Tod machte sich auch der Philosoph Arthur Schopenhauer zu Eigen, der ihn gleichsam als Steigerung des Lebens begreift:

➔ Ich glaube, dass wenn der Tod unsere Augen schließt, wir in einem Lichte stehn, von welchem unser Sonnenlicht nur der Schatten ist.

Unsterblichkeit in dem Sinne, dass sie die Toten dem Vergessen der Nachwelt entreißt, ist

TOD UND IRONIE

→ Humor ist eine der wenigen Tröstungen, die dem Menschen treu bleiben bis an das Ende, erklärte der Philosoph Ludwig Feuerbach. Doch darf man ein so schweres Thema wie den Tod bei einer Trauerrede mit Humor oder Ironie verbinden? Eine diffizile Frage, die von der konkreten Situation abhängt und die jeder unterschiedlich beantwortet. Platte Witze verbieten sich natürlich von selbst, ein trockenes Bonmot wie das folgende von Georg Christoph Lichtenberg dagegen ist vielleicht möglich:

→ Mir tut allemal weh, wenn ein Mann von Talent stirbt, denn die Welt hat dergleichen nötiger als der Himmel.

Auch ein sarkastischer Kommentar wie der von Curt Goetz, bei dem ohnmächtige Verzweiflung angesichts des Todes durchscheint, könnte in bestimmten Situationen verwendet werden:

→ Man hat uns nicht gefragt, ob wir geboren zu werden wünschen. Es sieht verdammt so aus, als wollte man uns jetzt nicht fragen, ob wir zu sterben wünschen.

auch das Argument, mit dem Schiller den physischen Tod zu überwinden hofft:

→ Vor dem Tode erschrickst du? / Du wünschest unsterblich zu leben? / Lebe im Ganzen! / Wenn du lange dahin bist, es bleibt. *(Friedrich von Schiller, „Unsterblichkeit“, 1795)*

Die Hoffnung auf ein Leben nach dem Tode ist eines der zentralen Trostargumente, die die christliche Religion bereithält:

→ Der Tod ist verschlungen in den Sieg. Tod, wo ist dein Stachel? Hölle, wo ist dein Sieg? *(1. Korinther 15, 55)*

→ Das Gras verdorrt, die Blume verwelkt, aber das Wort unseres Gottes bleibt ewiglich. *(Jesaja 40, 8)*

Und selbst die atheistische Perspektive eines Bertolt Brecht leugnet nicht die Vorstellung eines Weiterlebens nach dem Tode – zumindest in der Erinnerung derer, die zurückbleiben:

→ Der Mensch ist erst wirklich tot, wenn niemand mehr an ihn denkt.

… und noch mehr Zitate

Im Folgenden eine Reihe weiterer Textstellen mit passenden Gedanken für eine Trauerrede.

VERLUST

➔ Ins Leben schleicht das Leiden / Sich heimlich wie ein Dieb, / Wie müssen alle scheiden / Von allem, was uns lieb. *(Joseph von Eichendorff, „Der Umkehrende")*

➔ Das Leben ist der Güter höchstes und das schlimmste Übel ist der Tod. *(Heinrich Heine, „Ideen – Das Buch Le Grand", 1827)*

KANN DAS STERBEN SCHRECKEN?

➔ Wer den Tod fürchtet, hat das Leben verloren. *(Johann Gottfried Seume)*

➔ Den Tod fürchten die am wenigsten, deren Leben den meisten Wert hat. *(Immanuel Kant)*

➔ Tod ist Gleichmut, aber Leben Hoffnung. *(Euripides, „Die Troerinnen")*

TROST

➔ Trost gibt der Himmel, von dem Menschen erwartet man Beistand. *(Ludwig Börne)*

➔ Von allen Trostmitteln tut dem Trostbedürftigen nichts so wohl als die Behauptung, für ihren Fall gebe es keinen Trost. Darin liegt eine solche Auszeichnung, dass sie wieder den Kopf erheben. *(Friedrich Nietzsche)*

➔ Am unerträglichsten von allen / Grausamkeiten sind jene, die unter / Den Titel Beileid und Trost fallen. *(Walter Savage Landor)*

➔ Es kommt immer anders! Das ist das wahrste Wort und im Grunde auch zugleich der beste Trost, der dem Menschen in seinem Erdenleben auf den Weg gegeben worden ist. *(Wilhelm Raabe)*

➔ Nichts ist so bitter, dass ein geduldiges Gemüt keinen Trost dafür finden kann. *(Seneca)*

➔ Ein alberner Trost beleidigt. *(Seneca)*

FRIEDEN, SINN UND ORDNUNG

➔ Wie gutes Tagwerk frommen Schlummer bringt, so rechtes Leben einen fröhlichen Tod. *(Leonardo da Vinci)*

➔ Jeder Augenblick des Lebens ist ein Schritt dem Tode entgegen. *(Pierre Corneille)*

➔ Man muss die Menschen bei ihrer Geburt beweinen, nicht bei ihrem Tode. Es ist gut, dass es in der Welt Gutes und Schlechtes gibt. Sonst wäre man verzweifelt beim Abschied vom Leben. *(Charles Montesquieu, „Persische Briefe")*

➔ Wie ein Blatt vom Baume fällt, / So fällt ein Mensch aus seiner Welt, / Die Vögel singen weiter. *(Matthias Claudius)*

➔ Alle weltlichen Dinge sind nur ein Traum im Frühling. Betrachte den Tod als Heimkehr. *(Konfuzius)*

WEITERLEBEN NACH DEM TODE

➔ Sollte es nicht auch drüben einen Tod geben, / dessen Resultat irdische Geburt wäre? / Wenn ein Geist stirbt, wird er Mensch. / Wenn der Mensch stirbt, wird er Geist. *(Novalis)*

➔ Sterblichkeit – der uns bekannte Teil der Unsterblichkeit. *(Ambrose Bierce)*

➔ Der flammende Beweis für die Unsterblichkeit ist unsere Unzufriedenheit mit jeder anderen Lösung. *(Ralph Waldo Emerson)*

AUF DEN TOD EINES KINDES

Der wohl schmerzlichste Todesfall ist der vorzeitige Verlust eines Kindes. In einer solchen Situation Worte des Beileids in einer Rede zu suchen, die den verzweifelten Eltern auch nur einen Hauch von Trost vermittelt, ist ungemein schwierig. Vielleicht lassen Sie in einem persönlich gehaltenen Brief einen Dichter sprechen:

➔ Du kamst, du gingst mit leiser Spur,
Ein flüchtger Gast im Erdenland;
Woher? Wohin? Wir wissen nur:
Aus Gottes Hand in Gottes Hand.
(Ludwig Uhland, „Auf den Tod eines Kindes")

Zitate für das ganze Jahr

Es muss nicht immer ein Geburtstag sein, geschweige denn eine Hochzeit – das ganze Jahr über finden sich Gelegenheiten für kleinere oder größere Festivitäten, die je nach Jahreszeit unterschiedlich ausfallen.

So laden Sie im Sommer vielleicht zum Grillfest, im Oktober zu einem herbstlichen Dämmerschoppen oder im Winter zu einem gemütlichen Abend mit Glühwein, Punsch und selbst gebackenen Plätzchen ein. Zu einem solchen Anlass verschickt man gerne attraktive Einladungen oder gestaltet schöne Menükarten, denen Sie mit einem passenden Zitat das besondere Etwas verleihen können. Auch auf Ihren Glückwunschkarten zu Weihnachten und Neujahr oder als stimmungsvolle Ergänzung eines Briefes – etwa ein Gedicht zur jeweiligen Jahreszeit – wird ein geschickt gewähltes Zitat seine Wirkung nicht verfehlen.
Selbst die schnelle Korrespondenz unserer Tage, die vergleichsweise prosaische E-Mail, können Sie leicht mit solchen Texten „poetisieren"! Also lassen Sie sich doch inspirieren, lassen Sie sich anregen von unserer folgenden umfangreichen und vielfältigen Gedicht- und Spruchsammlung zu Jahreszeiten, Monaten und besonderen Tagen im Jahreslauf.

Januar

➔ Ohne Schlittschuh und Schellengeläut / Ist der Januar ein böses Heut. *(Johann Wolfgang von Goethe, „Epigrammatisch")*

➔ Ist der Januar nicht nass, füllet sich des Winzers Fass. *(Bauernregel)*

➔ ***Wünsche zum neuen Jahr*** / Ein bisschen mehr Friede und weniger Streit / Ein bisschen mehr Güte und weniger Neid /

Ein bisschen mehr Liebe und weniger Hass / Ein bisschen mehr Wahrheit – das wäre was. *(Peter Rosegger)*

Zum neuen Jahr:

➔ Will das Glück nach seinem Sinn / Dir was Gutes schenken, / Sage Dank und nimm es hin / Ohne viel Bedenken. // Jede Gabe sei begrüßt, / Doch vor allen Dingen: / Das, worum du dich bemühst, / Möge dir gelingen. *(Wilhelm Busch)*

➔ In dein Betragen – Welt, / In deinen Beutel – Geld, / Witz unter deinen Hut, / Feuer in dein Blut – / Ist der Wunsch nicht gut? *(Georg Christoph Lichtenberg)*

➔ Morgenrot am ersten Tag / Unwetter bringt und große Plag'. *(Bauernregel)*

➔ ***Heilige Drei Könige*** / Die heil'gen Drei Könige aus dem Morgenland, / Sie frugen in jedem Städtchen: / „Wo geht der Weg nach Bethlehem, / Ihr

KARNEVAL, FASNACHT, FASCHING

➔ Auch uns, in Ehren sei's gesagt, / Hat einst der Karneval behagt, / Besonders und zu allermeist / In einer Stadt, die München heißt. / Wie reizend fand man dazumal / Ein menschenwarmes Festlokal, / Wie fleißig wurde über Nacht / Ein Glas gefüllt und leer gemacht, / Und gingen wir im Schnee nach Haus, / War grad die frühe Messe aus, / Dann konnten gleich die frömmsten Fraun / Sich negativ an uns erbaun. / Die Zeit verging, das Alter kam, / Wir wurden sittsam, wurden zahm. / Nun sehn wir zwar noch ziemlich gern / Die Sach uns an, doch nur von fern / (Ein Auge zu, Mundwinkel schief) / Durchs umgekehrte Perspektiv. *(Wilhelm Busch, „Karneval")*

➔ Ohne Fastnachtstanz und Mummmenschanz / Ist der Februar auch nicht viel. *(Johann Wolfgang von Goethe, „Epigrammatisch")*

➔ O wär im Februar doch auch, / Wie's ander Orten ist der Brauch / Bei uns die Narrheit zünftig! / Denn wer, so lang das Jahr sich misst, / Nicht einmal herzlich närrisch ist, / Wie wäre der zu andrer Frist / Wohl jemals ganz vernünftig. *(Theodor Storm)*

lieben Buben und Mädchen?“ / Die Jungen und Alten, sie wussten es nicht, / Die Könige zogen weiter, / Sie folgen einem goldenen Stern, / Der leuchtete lieblich und heiter. / Der Stern blieb steh'n über Josefs Haus, / Da sind sie hineingegangen; / Das Öchslein brüllte, das Kindlein schrie, / Die heil'gen Drei Könige sangen. *(Heinrich Heine)*

➔ ***Der Winter*** / Der Winter ist ein rechter Mann, / kernfest und auf die Dauer; / sein Fleisch fühlt sich wie Eisen an. / Er scheut nicht süß noch sauer. // Wenn Stein und Bein vor Frost zerbricht / und Teich und Seen krachen; / das klingt ihm gut, das hasst er nicht, / dann will er sich totlachen. *(Matthias Claudius)*

➔ ***Ein Winterabend*** / Wenn der Schnee ans Fenster fällt, / Lang die Abendglocke läutet, / Vielen ist der Tisch bereitet / Und das Haus ist wohlbestellt. / Mancher auf der Wanderschaft / Kommt ans Tor auf dunklen Pfaden. / Golden blüht der Baum der Gnaden / Aus der Erde kühlem Saft. / Wanderer tritt still herein; / Schmerz versteinerte die Schwelle. / Da erglänzt in reiner Helle / Auf dem Tische Brot und Wein. *(Georg Trakl)*

Februar

2. Februar:

➔ Wenn es zur Lichtmess stürmt und schneit, ist der Frühling nicht mehr weit. Ist es aber hell und klar, ist der Winter weder halb noch gar. *(Bauernregel)*

Valentinstag, 14. Februar:

➔ Wie ein Taubenpaar sich schnäbelt / Und auf ausgeforschtem Nest, / Von der Liebe Rausch umnebelt, / Haschen sich und würgen lässt: // Dürft' ich so dich rund umfangen! / Dürftest du, Geliebte, mich! / Dürften so zusammenhangen / Unsre Lippen ewiglich! – *(Gottfried August Bürger, „Die Umarmung“)*

Voltaire über die Liebe – Worte für den Valentinstag:

➔ Die Liebe ist der Stoff, den die Natur gewebt und die Phantasie bestickt hat.

➔ Kalter Valentin, früher Lenzbeginn. *(Bauernregel)*

März

➔ Oh, traut nicht, welke Alte, / Dem März in seiner Luft! / Den Lenz ruft er ins Leben, / Den Winter in die Gruft! *(Justinus*

OSTERN

→ Vom Eise befreit sind Strom und Bäche / durch des Frühlings holden, belebenden Blick; / im Tale grünet Hoffnungsglück:/ der alte Winter in seiner Schwäche / zog sich in raue Berge zurück. / Von dorther sendet er, fliehend, nur / ohnmächtige Schauer körnigen Eises / in Streifen über die grünende Flur. / Aber die Sonne duldet kein Weißes; / überall regt sich Bildung und Streben, / alles will sie mit Farben beleben; / doch an Blumen fehlt's im Revier, / sie nimmt geputzte Menschen dafür. *(Johann Wolfgang von Goethe, „Osterspaziergang")*

→ Es ist das Osterfest alljährlich / Doch für den Hasen recht beschwerlich. *(Wilhelm Busch, „Osterhas")*

→ Zur Osterfeier / da freun wir uns sehr, / da suchen wir Eier / die kreuz und quer. / Husch husch / im Dornenbusch / flugs flugs / im grünen Buchs. / Husch husch husch husch! / Flugs! flugs! flugs! flugs! *(August Heinrich Hoffmann von Fallersleben)*

Kerner, „Ärztliche Warnung an die Alten im März")

→ Mein Zimmer duftet königlich fein, / Veilchenprinzessinnen zogen ein, / Schwärmen und wärmen mit weichblauen Augen, / Fächeln und hauchen schmachtende Lächeln, / Winken mit feinen, vornehmen Gliedern, / Laden mich ein. / Ich neige mich nieder, / Ihr Page bin ich, / Ihre Lippen sind mein. / Ich schwöre ewige, ewige Liebe, / Sie schweigen so süß, / Schauen so ernst aus schwerblauen Augen. / Meinen sie, Schwüre und Blumen verwelken? / Sie lächeln und weinen, / Meine kleine Prinzessen. *(Max Dauthendey, „Märzveilchen")*

April

→ Den ersten April musst überstehn, / Dann kann dir manches Guts geschehn. *(Johann Wolfgang von Goethe, „Jahr aus, Jahr ein")*

→ Die Welt wird schöner mit jedem Tag, / Man weiß nicht, was noch werden mag, / Das Blühen will nicht enden. / Es blüht das fernste, tiefste Tal: / Nun, armes Herz, vergiss die Qual! / Nun muss sich alles, alles wenden. *(Ludwig Uhland, „Frühlingsglaube")*

➔ Leise zieht durch mein Gemüt / Liebliches Geläute, / Klinge, kleines Frühlingslied, / Kling hinaus ins Weite. *(Heinrich Heine)*

Mai

➔ Willkommen liebe Sommerzeit, / Willkommen schöner Mai, / Der Blumen auf den Anger streut, / Und alles machet neu. *(Ludwig Christoph Heinrich Hölty, „Mailied")*

Unser Sommer ist nur ein grün angestrichener Winter. *(Heinrich Heine)*

Die Eisheiligen, 12.–16. Mai:

➔ Mamerz, Pankraz, Servazi, das sind drei Lumpazi. *(Bauernregel)*

➔ Pankrazi, Servazi, Bonifazi, sind drei frostige Bazi, und am Schluss fehlt nie die kalte Sophie. *(Bauernregel)*

➔ Im wunderschönen Monat Mai, / Als alle Knospen sprangen, / Da ist in meinem Herzen / Die Liebe aufgegangen. / Im wunderschönen Monat Mai, / Als alle Vögel sangen, / Da hab' ich ihr gestanden / Mein Sehnen und Verlangen. *(Heinrich Heine, „Lyrisches Intermezzo", I)*

➔ Nur einmal blüht im Jahr der Mai, / Nur einmal im Leben die Liebe. *(Heinrich Seidel)*

St. Urban, 25. Mai:

➔ Wie es sich um St.Urban verhält, so ist's noch 20 Tage bestellt. *(Bauernregel)*

➔ Wie's Wetter am Sankt Urbanstag, so der Herbst wohl werden mag. *(Bauernregel)*

Juni

➔ ***Sommer*** / Sieh, wie sie leuchtet, / Wie sie üppig steht, / Die Rose – / Welch satter Duft zu dir hinüberweht! / Doch lose / Nur haftet ihre Pracht – / Streift deine Lust sie, / Hältst du über Nacht / Die welken Blätter in der heißen Hand ... // Sie hatte einst den jungen Mai gekannt / Und muss dem stillen Sommer nun gewähren – / Hörst du das Rauschen goldener Ähren? / Es geht der Sommer übers Land ... *(Thekla Lingen)*

Juli

➔ In Sommerbäder / Reist jetzt ein jeder / Und lebt famos. / Der arme Dokter, / Zu Hause hockt er / Patientenlos. *(Wilhelm Busch)*

➔ Fortuna lächelt, doch sie mag / Nur ungern voll beglücken; / Schenkt sie uns einen

PFINGSTEN

→ Pfingsten, das liebliche Fest, war gekommen; es grünten und blühten / Feld und Wald; auf Hügeln und Höhn, in Büschen und Hecken / Übten ein fröhliches Lied die neuermunterten Vögel; / Jede Wiese sprosste von Blumen in duftenden Gründen, / Festlich heiter glänzte der Himmel und farbig die Erde. *(Johann Wolfgang von Goethe, „Reineke Fuchs", 1794)*

→ ***Berliner Pfingsten*** / Heute sah ich ein Gesicht, / Wonnevoll zu deuten: / In dem frühen Pfingstenlicht / Und beim Glockenläuten / Schritten Weiber drei einher, / Feierlich im Gange, / Wäscherinnen, fest und schwer! / Jede trug 'ne Stange. // Mädchensommerkleider drei / Flaggten von den Stangen; / Schönre Fahnen, stolz und frei, / Als je Krieger schwangen, / Blau und weiß und rot gestreift, / Wunderbar beflügelt, / Frisch gewaschen und gesteift, / Tadellos gebügelt. // Lustig blies der Wind, der Schuft, / Lenden auf und Büste, / Und von frischer Morgenluft / Blähten sich die Brüste! / Und ich sang, als ich gesehn / Ferne sie entschweben: / Auf und lasst die Fahnen wehn, / Schön ist doch das Leben! *(Gottfried Keller)*

Sommertag, / So schenkt sie uns auch Mücken. *(Wilhelm Busch)*

→ Klingt im Wind ein Wiegenlied, / Sonne warm herniedersieht, / Seine Ähren senkt das Korn, / Rote Beere schwillt am Dorn, / Schwer von Segen ist die Flur – Junge Frau, was sinnst du nur? *(Theodor Storm, „Juli")*

August

→ ***Ein grünes Blatt*** / Ein Blatt aus sommerlichen Tagen, / Ich nahm es so im Wandern mit, / Auf dass es einst mir möge sagen, / Wie laut die Nachtigall geschlagen, / Wie grün der Wald, den ich durchschritt. *(Theodor Storm)*

5. August:

→ Oswaldtag muß trocken sein, sonst wird teuer Korn und Wein. *(Bauernregel)*

→ Am leuchtenden Sommermorgen / geh ich im Garten herum. / Es flüstern und sprechen die Blumen, / Ich aber, ich

WEIHNACHTEN

→ O Weihnacht! Weihnacht! Höchste Feier / Wir fassen ihre Wonne nicht, / Sie hüllt in ihre heil'gen Schleier / Das seligste Geheimnis dicht. *(Nikolaus Lenau, „Savonarola")*

→ Wenn es Weihnachten flockt und stürmt auf allen Wegen, das bringt den Feldern Segen. *(Bauernregel)*

→ Die Geburt Jesu in Bethlehem ist keine einmalige Geschichte, sondern ein Geschenk, das ewig bleibt. *(Martin Luther)*

→ Noch einmal ein Weihnachtsfest. / Immer kleiner wird der Rest, / Aber nehm' ich so die Summe. / Alles Grade, alles Krumme, / Alles Falsche, alles Rechte, / Alles Gute, alles Schlechte – / Rechnet sich aus all dem Braus / Doch ein richtig' Leben 'raus / Und dies können ist das Beste / Wohl bei diesem Weihnachtsfeste. *(Theodor Fontane, „Zum 24. Dezember 1890")*

→ Die Ware Weihnacht ist nicht die wahre Weihnacht. *(Kurt Marti)*

→ Markt und Straßen stehn verlassen, / Still erleuchtet jedes Haus. / Sinnend geh ich durch die Gassen, / Alles sieht so festlich aus. // Sterne hoch die Kreise schlingen, / Aus des Schnees Einsamkeit / Steigt's wie wunderbares Singen – / O du gnadenreiche Zeit! *(Joseph von Eichendorff, „Weihnachten")*

→ Wer sein Holz um Christmett fällt, dem sein Haus wohl zehnfach hält. *(Bauernregel)*

→ Die Welt erstrahlt im Licht des Herrn und alle Menschen erfahren Gottes Heil. *(Jesaja 40, 5)*

wandle stumm. *(Heinrich Heine, „Reisebilder", 2, 1)*

September

1. September:

→ An St. Ägidius man säen muss. *(Bauernregel)*

→ Nun lass den Sommer gehen, / Lass Sturm und Winde wehen. / Bleibt diese Rose mein, / Wie könnt ich traurig sein? *(Joseph von Eichendorff)*

16. September:

→ St. Ludmilla, das fromme Kind, bringt gern Regen und viel Wind. *(Bauernregel)*

→ Im Nebel ruhet noch die Welt, / Noch träumen Wald

und Wiesen: / Bald siehst du, wenn der Schleier fällt, / Den blauen Himmel unverstellt, / Herbstkräftig die gedämpfte Welt / In warmem Golde fließen. *(Eduard Mörike, „Septembermorgen“)*

28. September:

→ Wie viele Fröste vor St. Wenzeslaus fallen, so viel werden nach Philippi und Jakobi (1. Mai) folgen. *(Bauernregel)*

Oktober

1. Oktober:

→ Regen an St.Remigius, bringt für den ganzen Monat Verdruss. *(Bauernregel)*

14. Oktober:

→ St. Burkhardi Sonnenschein, schüttet Zucker in den Wein. *(Bauernregel)*

→ Der Nebel steigt, es fällt das Laub; / Schenk ein den Wein, den holden! / Wir wollen uns den grauen Tag / Vergolden, ja vergolden! / Und geht es draußen noch so toll, / Unchristlich oder christlich, / Ist doch die Welt, die schöne Welt, / So gänzlich unverwüstlich! / Und wimmert auch einmal das Herz – / Stoß an und lass es klingen! / Wir wissen's doch, ein rechtes Herz / Ist gar nicht umzubringen. *(Theodor Storm, „Oktoberlied“)*

November

→ Die Blätter fallen, fallen wie von weit, / als welkten in den Himmeln ferne Gärten; / sie fallen mit verneinender Gebärde. // Und in den Nächten fällt die schwere Erde / aus allen Sternen in die Einsamkeit. // Wir alle fallen. Diese Hand da fällt. / Und sieh die andre an: es ist in allen.// Und doch ist Einer, welcher dieses Fallen / Unendlich sanft in seinen Händen hält. *(Rainer Maria Rilke, „Herbst“)*

Dezember

1. Dezember:

→ Fällt zu Eligius ein kalter Wintertag, die Kälte wohl vier Monde dauern mag. *(Bauernregel)*

4. Dezember:

→ Zweige schneiden zu St.Barbara, Blüten sind bis Weihnachten da. *(Bauernregel)*

6. Dezember:

→ Regnet's an St.Nikolaus, wird der Winter streng und graus. *(Bauernregel)*

→ Silvesternacht düster oder klar, deutet auf ein neues Jahr. *(Bauernregel)*

21. Dezember: Wenn St. Thomas dunkel war, gibt's ein schönes neues Jahr. *(Bauernregel)*

Frühling und Sommer

DER FRÜHLING KOMMT

➔ Hoffnung
Und dräut der Winter noch so sehr
Mit trotzigen Gebärden;
Und streut er Eis und Schnee umher,
Es muss doch Frühling werden.
(Emanuel Geibel)

➔ Frühlingsglaube
Die Welt wird schöner mit jedem Tag,
Man weiß nicht, was noch werden mag,
Das Blühen will nicht enden.
Es blüht das fernste, tiefste Tal:
Nun, armes Herz, vergiss die Qual!
Nun muss sich alles, alles wenden.
(Ludwig Uhland)

ER IST'S

➔ Frühling lässt sein blaues Band
Wieder flattern durch die Lüfte;
Süße, wohlbekannte Düfte
Streifen ahnungsvoll das Land.
Veilchen träumen schon,
Wollen balde kommen. –
Horch, von fern ein leiser Harfenton!
Frühling, ja du bists!
Dich hab ich vernommen!
(Eduard Mörike)

DER FRÜHLING IST DA

➔ Was klingelt, was klaget, was flötet so klar? / Was jauchzet, was jubelt so wunderbar? / Und als ich so fragte, die Nachtigall schlug: / „Der Frühling, der Frühling!“ – da wusst' ich genug! *(Heinrich Seidel)*

DER FRÜHLING

➔ Der Frühling ist der Freudensaal, / Viel tausend Vöglein spielen auf, / Da schallt's im Wald bergab, bergauf: / Grüß' dich, mein Schatz, vieltausendmal! *(Joseph von Eichendorff, „Ahnung und Gegenwart“)*

➔ Leise zieht durch mein Gemüt / Liebliches Geläute, / Klinge, kleines Frühlingslied, / Kling hinaus ins Weite. *(Heinrich Heine)*

FRÜHLINGSGEFÜHLE

➔ Der Frühling ist die schöne Jahreszeit, in der der Winterschlaf aufhört und die Frühjahrsmüdigkeit beginnt. *(Emanuel Geibel)*

➔ Der Frühling ist eine echte Auferstehung, ein Stück Unsterblichkeit. *(Henry David Thoreau)*

SOMMER

➔ Die harte Zeit der gleißenden Glut / lähmt Mensch und Tier, die Pinie versengt; / zuerst des Kuckucks, dann frohgemut / des Täubchens und Finkens Lied erklingt. // Des Zephirs süßes Fächeln mit Wut / ganz plötzlich zänkischer Nordwind umschlingt; / der Hirte weint, ihm sinkt der Mut / ob des Schicksals, das dräuender Sturm ihm bringt. // Er hebt die Glieder, müde vom Liegen, / aus Furcht vor krachendem Donner und Blitz / und den lästigen Bremsen und Fliegen. // Ach, leider ist seine Angst nicht unnütz. / Es bebt der Himmel, aus stolzem Wiegen / knickt reifes Korn der Hagel und Blitz. *(Antonio Vivaldi)*

DER SOMMERFADEN

➔ Da fliegt, als wir im Felde gehen,
Ein Sommerfaden über Land,
Ein leicht und licht Gespinst der Feen,
Und knüpft von mir zu ihr ein Band.
Ich nehm' ihn für ein günstig Zeichen,
Ein Zeichen, wie die Lieb' es braucht.
O Hoffnungen der Hoffnungsreichen,
Aus Duft gewebt, von Luft zerhaucht!
(Ludwig Uhland)

FLIEGENDER SOMMER

➔ Durch die sonnenklaren Lüfte
Fliegt's in Fäden und in Flocken –
Sind es die gebleichten Haare
Aus des Sommers sonn'gen Locken?
Sind es luftige Gefährte
Für der Elfen leichte Scharen,
Drauf sie – Menschenaug' verborgen –
Durch die klaren Lüfte fahren?
Sind's des Herbstes leichte Fahnen,
Die, nach Endigung des Krieges
Mit dem Sommer, der entfaltet
Im Triumphe seines Sieges?
Oder ist's die zarte Fessel,
Die den Sommer hielt am Norden?
Er zerriss sie – fliegt gen Süden
Jubelnd, dass er frei geworden!
Schwingt sich über Land und Meere
Dorthin, wo sein Herz gewohnet,
Wo er wieder in den bunten,
Duft'gen Prachtpalästen thronet!
(Heinrich Seidel)

Herbst und Winter

HERBST

➔ Der Herbst ist die melancholischste Jahreszeit. *(Robert Burton)*

➔ Der Frühling ist zwar schön, / doch wenn der Herbst nicht wär, / wär zwar das Auge satt, / der Magen aber leer. *(Friedrich von Logau)*

HERBSTTAG

➔ Herr: es ist Zeit. Der Sommer war sehr groß.
Leg deinen Schatten auf die Sonnenuhren,
und auf den Fluren lass die Winde los.

Befiehl den letzten Früchten voll zu sein;
gib ihnen noch zwei südlichere Tage,
dränge sie zur Vollendung hin und jage
die letzte Süße in den schweren Wein.

Wer jetzt kein Haus hat, baut sich keines mehr.
Wer jetzt allein ist, wird es lange bleiben,
wird wachen, lesen, lange Briefe schreiben
und wird in den Alleen hin und her
unruhig wandern, wenn die Blätter treiben.
(Rainer Maria Rilke)

APFELKANTATE

➔ Der Herbst, der macht die Blätter steif
der Sommer muss sich packen.
Hei! Dass ich auf die Finger pfeif
da sind die ersten Äpfel reif
und haben rote Backen.
Und was bei Sonn' und Himmel war
erquickt nun Mund und Magen
und macht die Augen hell und klar.
So rundet sich das Apfeljahr
und mehr ist nicht zu sagen.
(Matthias Claudius, „Das Apfeljahr“)

WINTER

➔ Draußen ziehen weiße Flocken
Durch die Nacht, der Sturm ist laut;
Hier im Stübchen ist es trocken,
Warm und einsam, stillvertraut.

Sinnend sitz' ich auf dem Sessel,
An dem knisternden Kamin,
Kochend summt der Wasserkessel
Längst verklungne Melodien.

Und ein Kätzchen sitzt daneben
Wärmt die Pfötchen an der Glut;
Und die Flammen schweben, weben,
Wundersam wird mir zumut.
(Heinrich Heine)

WINTERMORGEN

➔ Ein trüber Wintermorgen war's,
Als wollt' es gar nicht tagen,
Und eine dumpfe Glocke ward
Im Nebel angeschlagen.
(Ludwig Uhland)

DER WINTERABEND

➔ Der Winterabend, das ist die Zeit / der Arbeit und der Fröhlichkeit. / Wenn die andern nähen, stricken und spinnen, / dann müssen wir Kinder auch was beginnen; / wir dürfen nicht müßig sitzen und ruhn, / wir haben auch unser Teil zu tun. / Wir müssen zu morgen uns vorbereiten / und vollenden unsere Schularbeiten. / Und sind wir fertig mit Lesen und Schreiben, / dann können wir unsere Kurzweil treiben ... / Und ist der Abend auch noch so lang, / wir kürzen ihn mit Spiel und Gesang. / Und wer ein hübsches Rätsel kann, / der sagt's, und wir fangen zu raten an. *(August Heinrich Hoffmann von Fallersleben)*

ERSTER SCHNEE

➔ Wie nun alles stirbt und endet
Und das letzte Lindenblatt
Müd sich an die Erde wendet
In die warme Ruhestatt,
So auch unser Tun und Lassen,
Was uns zügellos erregt,
Unser Lieben, unser Hassen
Sei zum Welken Laub gelegt:

Reiner weißer Schnee, o schneie,
Decke beide Gräber zu,
Dass die Seele uns gedeihe
Still und kühl in Wintersruh!
Bald kommt jene Frühlingswende
Die allein die Liebe weckt,
Wo der Hass umsonst die Hände
Dräuend aus dem Grabe streckt.
(Gottfried Keller)

Autorenregister

D

E

F

G

H

M

N

O

R

S

Sachregister